Pauline Pfeifer

GEDANKEN
Striptease

Dieses Buch ist für jeden,

der schonmal an sich selbst gezweifelt hat
und seinen Wert in Frage gestellt hat.

In dieser einen Sache sind wir alle vereint.
Du bist nicht allein damit.

Es wird vergehen.
Versprochen.

Impressum

© 2025 Pauline Pfeifer

Buchsatz und Illustrationen: Luisa Wachsmuth
Umschlagsgestaltung: Luisa Wachsmuth

Verlag: BoD · Books on Demand GmbH,
Überseering 33, 22297 Hamburg, bod@bod.de
Druck: Libri Plureos GmbH,
Friedensallee 273, 22763 Hamburg

ISBN: 978-3-8192-0978-9

Triggerwarnung

Liebe Leser*innen,

dieses Buch enthält Elemente, die triggernd sein können.

Es werden die Themen Depressionen
und sexuelle Übergriffe angerissen.
Sollten Dich diese Themen beschäftigen, pass bitte auf
Dich auf und überlege Dir, ob du weiterlesen möchtest.

Ich wünsche viel Freude beim Lesen!
Eure Pauline

Vorwort

Das Vorwort ist der Teil des Buches, vor dem ich mich am längsten gedrückt habe. Denn wie schreibe ich etwas, das ich noch nie zuvor geschrieben habe, von dem ich keine Ahnung habe, wie man es schreibt und was alles hinein soll? Meiner Vorstellung nach, sollte das Vorwort bedeutend und einprägend sein, den Inhalt des Buches aufgreifen und etwas darauf „vorbereiten" und dabei gleichzeitig etwas über mich preisgeben.

Doch weil ich gemerkt habe, dass all die Monate, in denen ich das vor mir hergeschoben habe und hunderte Male zerdacht habe, nichts Neues bei herum kam, habe ich mich dazu entschieden einfach ungefiltert Ich zu sein, von Herzen drauf loszuschreiben, was mir gerade in den Sinn kommt und es danach nicht wieder tausendmal zu ändern. Denn auch das, die Unsicherheit in diesem Punkt, ist ein Teil von mir, das ist mein ehrliches Ich.

Und genau das, mein ungefiltertes Ich, möchte ich euch in diesem Buch doch zeigen und damit hoffentlich Aufmerksamkeit darauf bringen, dass jeder in irgendetwas unsicher ist und es Perfektion einfach nicht gibt, egal wie sehr man versucht sie zu erreichen. Das ist das Beängstigende, aber doch auch Schöne daran. Wir müssen nicht perfekt sein, niemand ist es und das ist gut so, denn das Unperfekte macht uns so besonders. *Also here we go:*

In diesem Buch, wie der Titel schon verrät, offenbare ich die verschiedensten Gedanken von mir zu den verschiedensten Themen. Viele Texte, die ihr lesen werdet, sind anhand von persönlichen Erfahrungen und Erlebnissen entstanden, Dingen, die ich gesehen oder gelesen habe, oder die mir Menschen von sich erzählt haben. Sie alle sind in unterschiedliche Formen der Poesie verpackt worden. Manches sind kurze Sprüche, andere bewusst überspitzte, etwas längere, gesellschaftskritische Texte oder eben einfach poetische Texte.

Wie ich im ersten Abschnitt des Vorworts bereits angerissen habe, bin ich ein kleiner großer Perfektionist, wie wahrscheinlich auch einige andere, die mein Buch lesen werden.

Ich setze mich dadurch viel zu oft selbst unter Druck und verbiete mir unbewusst, oftmals den Prozess von Dingen einfach zu genießen. Da mich das selbst an mir stört und ich von diesem Perfektionismus und unbegründeten Ängsten, die durchs Überdenken entstehen, wegkommen möchte, habe ich mir für 2025 das Ziel gesetzt, mehr von den Dingen zu tun, die mich beängstigen.

Dabei möchte ich versuchen meinen Fokus auf den Weg zur Erreichung eines Zieles zu setzen und diesen in all seinen Abschnitten und Facetten zu genießen, anstatt den Fokus auf dem Endprodukt, das am Ziel entsteht, stehen zu lassen.

Dieses Buch beinhaltet bestimmt Fehler, genauso wie ich und jeder andere Mensch. Das in meinem Buch Fehler enthalten sein können, beängstigt mich jetzt schon.

Also solltest du dieses Buch gerade in den Händen halten und das Vorwort gelesen haben, habe ich meinen Schatten überwunden, eine Angst von mir kurzzeitig besiegt und mein Buch veröffentlicht.

Ich wünsche dir also viel Spaß beim Lesen und möchte dir vorab noch die Gewissheit mit auf den Weg geben, dass wenn ich es schaffe eine Angst von mir zu überwinden, dass du dies auch tun kannst, was immer diese sein mag. Du bist stark und mutig! Du schaffst das!

Fun Fact:
Dieses Buch ist das Endergebnis von knapp sieben Jahren hin und her. Von einem entschlossenen „Ich veröffentliche es" hin zu einem unsichere „Nein ich mache es doch nicht." Die Texte haben sich über die Jahre arg verändert, viele sind neu hinzugekommen und Alte sind verschwunden.

Jetzt endlich habe ich es getan!

Danke, liebes Ich!

Inhalt

Inhalt

Augen

Meine Augen sehen viel.

Tagtäglich Millionen Bilder,
Unmengen an Reizen,
die mich überfluten.

Ich versuche sie zu verarbeiten,
in Bruchteilen von Sekunden,
so viel wie möglich wahrzunehmen.

Nur das Wichtige aufzunehmen, mir zu behalten,
den Rest aus dem Gedächtnis zu löschen,
um Platz für neue Eindrücke zu schaffen.

Meine Augen sehen viel.

Ich sehe Situationen, erlebe Momente,
die mich mit purer Freude, Glück erfüllen.

Ich sehe Situationen, erlebe Momente,
die mich wütend, traurig, sprachlos zurück-
lassen.

Ich sehe Situationen, erlebe Momente,
in denen ich für immer bleiben möchte,
gefesselt und gebannt mein Leben lang,
denn glücklicher könnte ich nicht sein.

Ich sehe Situationen, erlebe Momente,
denen ich schnellstmöglich entkommen will,
aus meinem Gedächtnis verdrängen, von
meiner Festplatte der Erinnerungen
löschen will.

Meine Augen sehen viel.

Ich sehe die Schönheit, die Vielfalt,
dieser bunten, lebendigen Welt.

Ich sehe Menschen, die nicht
unterschiedlicher sein könnten.

Ich sehe Landschaften,
die nicht farbenprächtiger,
nicht intensiver sein könnten.

Ich sehe unglaublich viel und doch
wünschte ich,

ich würde noch mehr sehen.

Ich sehe das Leid, den Hass,
der grausamen, dunklen Welt.

Ich sehe Konflikte, die nicht schwie-
riger zu lösen sein könnten.

Ich sehe das Streben nach Macht,
das Kriege nach sich zieht.

Ich sehe unglaublich viel und manch-
mal wünschte ich,

ich hätte all das nicht gesehen,
ich würde überhaupt nichts sehen.

Meine Augen sehen viel.

Ich sehe die pure Schönheit des Lebens,
das reine Leid der Welt.

Ich sehe die Hilfsbereitschaft,
die größte Ignoranz.

Ich sehe das Funkeln, die Magie der Sterne,
das Graue, die dichteste Nebelwand.

Ich sehe die Freude
in den Gesichtern der Menschen,

die Qualen, die Spuren ihrer Geschichten.

Ich sehe das blühende Leben,
die Vergänglichkeit.

Meine Augen sehen viel.

Ich sehe so unfassbar vieles.

In manchem könnte ich mich verlieren,
anderem würde ich gerne entfliehen.

Manches möchte ich ein Leben lang
nie wieder vergessen,
anderes würde ich gerne
aus meinen Erinnerungen streichen.

Ich habe so vieles bereits gesehen,
sehe und werde noch so vieles sehen,
egal ob positives oder negatives,
ich bin doch froh alles zu sehen.

Denn ohne all das Strahlen,
all die Wunden,
würde ich niemals wissen,
wie viele Facetten mir dieses Leben
zu bieten hat.

Meine Augen sehen viel.

Bestimmen

Wer sind wir,
uns ungefragt in eine Position zu bringen,
Kontrolle über ein anderes Leben zu nehmen.

Wer sind wir, uns ungebeten rauszunehmen
über ein anderes Leben bestimmen zu wollen.

In keiner Welt, in niemandes Leben, haben
wir dieses Recht.

Du bestimmst ausschließlich über dich.

Blumen

Was ich an Blumen so mag,
ist ihre Vergänglichkeit.

Sie zeigen dir,
dass dieses Geschenk,
das Leben,
nicht von Dauer ist.

Es ist ein Geschenk,
das einem für einen
begrenzten Zeitraum
Freude bereitet,

dass man in voller
Blüte leben und genießen sollte.

Denn ehe man sich versieht,
welken sie dahin und
ihre Farbpracht,
ihr Duft,

existieren nur noch als
Erinnerung in den Gedanken
der Menschen.

Burnout

Ich mache weiter,
bis ich nicht mehr kann
und selbst dann,
renn' ich so lange weiter,

bis mein Körper
keine andere Wahl mehr hat,
als mit einem Burnout
zu antworten,

und sich selbst eine
Zwangspause aufzuerlegen.

Cherry Blossom Tree

Ich bin ein Cherry Blossom Tree im Winter
– kahl, trist, unscheinbar.

Doch tief in mir lebt es
– ich bin nicht morsch,

ich befinde mich nur im Winter.

Meine Energie reicht gerade nur
um mich am Leben zu halten,
die Kälte, die Witterung zu überleben.

Doch jeder Cherry Blossom Tree im Winter,
wird auch irgendwann
ein Cherry Blossom Tree im Frühling,
voller Energie, Blütenpracht.

Noch schlummert sie in mir,
hält Winterschlaf.

Doch der Frühling kommt gewiss
und mit ihm beginnen die Blüten zu wachsen,
sie formen eine prächtige Baumkrone,
voll Energie, Duft und Lebenspracht.

So bin ich jetzt vielleicht
ein Cherry Blossom Tree im Winter,
doch warte nur ab,
im Frühling entfalte ich all mein Potential,
strahle in voller Blütenpracht.

Dann blick ich zurück

Ich starte ein neues Gedicht,
es ist das Jahr 2021,

ich bin 20 Jahre alt,

viele sind in jahrelangen Beziehungen,
einige schon verlobt oder verheiratet.

Ich hingegen genieß mein Singledasein,
fühl mich frei und so leicht,

laufe glücklich los, in Abenteuer allein,
freue mich auf Menschen, die ich treffe,

und wer weiß,
vielleicht bist du dabei.

Dann blick ich in 15 Jahren zurück,
auf mein Gedicht und stelle fest,

ich bin 35 Jahre alt.

Fast alle sind in jahrelangen Beziehungen,
viele sind verlobt, verheiratet,
bereits Eltern,
einige sind schon wieder geschieden.

Ich hingegen genieße mein Beziehungsdasein,
fühl mich frei und so leicht,

laufe glücklich los, in Abenteuer zu zweit,
freue mich auf Menschen, die wir treffen,

und wer weiß,
vielleicht seid ihr dabei.

Dann blicke ich zurück
in nochmals 15 Jahren,

auf die zweite Strophe meines Gedichts,
und ich stelle fest,

mittlerweile bin ich 50 Jahre alt.

Fast jeder ist in einer langen Beziehung,
viele sind verheiratet,
bereits Eltern von mehreren Kindern,
einige geschieden
und bereits in einer neuen Ehe.

Ich genieße mein Mutterdasein,
fühl mich frei und einigermaßen leicht,

laufe glücklich los, in Abenteuer zu viert,
freue mich auf die Menschen,
die wir treffen,

und wer weiß,
vielleicht kommt ihr noch dazu.

Dann blicke ich zurück
in nochmals 15 Jahren,

auf die dritte Strophe meines Gedichts,
und ich stelle fest

mittlerweile bin ich ganze 65 Jahre
schon auf dieser Welt.

Nahezu alle sind in einer langen Beziehung,
sehr viele sind in einer langen Ehe,
haben erwachsene Kinder,
und einige sind schon Großeltern,

eventuelle ein paar,
nicht mal eine Handvoll,
sind schon gegangen, leben im Himmel,
schauen sich alles von oben an.

 Ich genieße mein Omadasein,
 fühl mich frei, aber nicht mehr so leicht,

 laufe langsamer, aber glücklich los,
 in Abenteuer zu sechst,
 freue mich auf die Menschen,
 die wir treffen,

 und wer weiß,
 vielleicht kommt noch wer dazu.

Dann blicke ich zurück
in weiteren 15 Jahren,

auf die vierte Strophe meines Gedichts,
und stelle fest,

ich bin stolze 80 Jahre
schon auf dieser Welt am Atmen.

Sehr viele sind in langen Beziehungen, viele
in langen Ehen,
einige sind Großeltern,
wenige sind Urgroßeltern
oder bereits verwitwet,

und leider sind mittlerweile,
mehrere gegangen, leben im Himmel
und schauen sich alles an.

    Ich genieße mein Ehedasein,
    mein Mutter- und Omadasein,
    im Ganzen einfach mein Altsein,
    ich fühl mich frei, zwar nicht mehr leicht,

    aber ich schleiche glücklich los,
    in Abenteuer zu acht, freue mich
    auf die Menschen, die wir treffen,

    und wer weiß,
    vielleicht bist du auch noch dabei.

Dann blicke ich zurück
in eventuell 5 Jahren,

auf die fünfte Strophe meines Gedichts,

bin jetzt unfassbare 85 Jahre,
schon auf dieser Welt und atme,

sehr viele sind schon gegangen,
leben im Himmel,
schauen sich von dort aus alles an,

die restlichen sind in langen Ehen,
haben erwachsene Kinder über 50,
viele Enkel und Urenkel,

die meisten sind verwitwet und trauern
schweren Herzens.

    Ich genieße meine letzten Tage,
    fühl mich frei und endlich wieder so leicht,

    ich schleiche nicht mehr glücklich los,
    in Abenteuer zu zehnt, wünsche euch aber,
    dass ihr euch weiterhin freut,
    über Menschen, die ihr trefft,

    und wer weiß schon,
    vielleicht kommen noch
    ein paar weitere dazu.

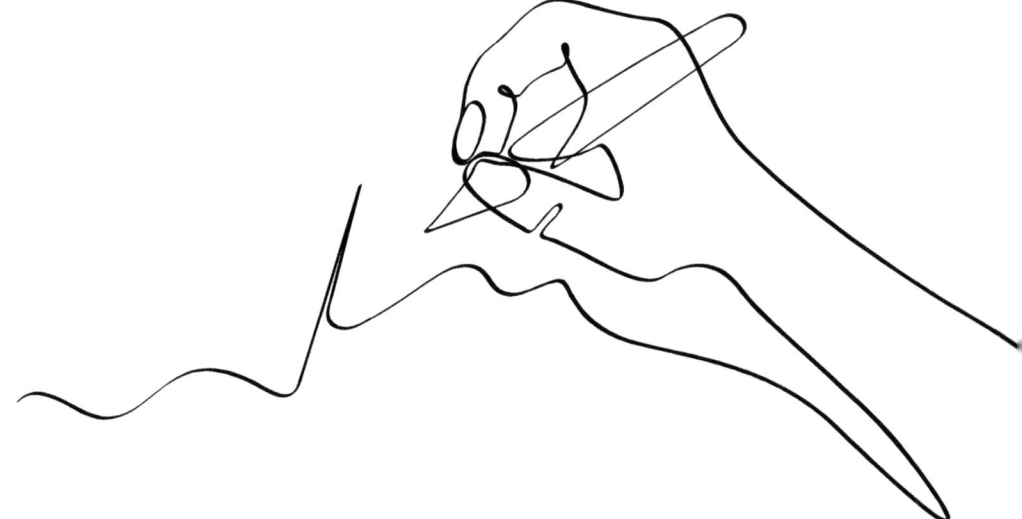

Ich liege glücklich in meinem Ehebett,
nur leider bereits allein,

beende die letzte Strophe meines Gedichts
in Gedanken erneut und ergänze mit einem
Lächeln:
ich habe nichts bereut,

lange gewartet, vieles erlebt,
eine wunderbare Familie,
die in meiner Nähe lebt,

ich habe vielen Unmengen zu verdanken,
habe glücklich gelebt.

Meine Augen werden müde,

es ist nun Zeit auch für mich zu gehen,
passt auf euch auf,

ich werde vom Himmel tagtäglich zusehen,
liebe euch ewig weiter,

ihr werdet all das irgendwann
selbst einmal verstehen.

Die Nacht ist mein Tag

Wenn andere schlafen,
fang ich an zu leben.

Die Nacht ist mein Tag,

der Tag hingegen
nur ein grelles Zwischenspiel.

Nachts beim Leuchten der Sterne,
bekomme ich Energie, werde aktiv.

Die Stille, eine unausgesprochene
Wahrheit.

Das Alleinsein, pure Freiheit.
Die Ruhe, reiner Frieden.

Die Dunkelheit mein Gefährte,
das Funkeln des Nachthimmels mein
Kompass,

eine Magie,
sie versagt bei mir nie.

Wenn andere schlafen,
beginne ich zu leben,
die Welt durch andere Augen zu sehen.

Die Nacht ist wie ein
ruhiges Meer so klar und voller Weite,
so friedlich und so leise.

Sie hält mich wach,
sie fesselt mich.

Ihrem Bann, ihrer Magie
entkomme ich nicht.

Die Nacht ist wie ein ruhiges Meer,
für manche einsam,
doch für mich voller Gesellschaft.

Sie spricht nicht,
trotzdem antwortet sie mir.

Sie funkelt und strahlt,
wandelt Last in Leichtigkeit.

Die Nacht ist wie ein ruhiges Meer.

Droge

Meine Droge ist die Musik.

Ich konsumiere sie täglich
– mehrmals, stundenlang.

Ich liebe es. Das Gefühl.

Sie beflügelt mich,
lässt mich meine Sorgen vergessen.

Ich schalte ab, tauche ein
in meine eigene Welt.

Eine Welt voller Euphorie.
Voller Fantasie.

Ich liebe meine Droge.

Ohne sie, kann ich mir
das Leben nicht vorstellen.

Ich brauche sie, um meiner Seele
Momente von Freiheit und Frieden zu
schenken.

Das Gute an meiner Droge?
Sie ist nicht schädlich.

Sie wird nicht zu meinem Untergang –
sie wird zu meiner Rettung werden.

Druck

Der schlimmste Druck, den wir haben,

ist doch oft der,
den wir uns selbst machen.

Ich mache mir viel zu oft Stress,

wo realistisch betrachtet keiner ist.

Ich bin mir sicher
– damit bin ich nicht allein.

Du

Du, Du kamst genau im richtigen Moment
in mein Leben.

Aus dem Nichts, so unerwartet,
durch was für einen Zufall.

Einen Monat lang haben wir uns
kennengelernt.

Dieser eine Monat hat gereicht,
um mich zu verlieben.

Wie es bei dir aussieht,
weiß ich nicht.

Denn genau so wie du aus dem Nichts kamst,
bist du wieder verschwunden.

Da ist eine Leere zurückgeblieben.

Doch so sehr es schmerzt, so sehr etwas
fehlt, bin ich vollständiger.

Ich habe dank dir
und dem Monat Zeit mit dir,
mich wieder selbstkennenlernen dürfen.

Einen Teil von mir gefunden,
den ich längst verloren glaubte.

Ich bin wieder ich
– von Selbstliebe erfüllt.

So behalte sie, nehm' sie mit,
die Liebe für dich.

Du verdienst sie.
Genauso wie die Selbstliebe ich.

Du und ich, eine Geschichte,
die kaum begonnen hat
und doch schon zu Ende ist.

Ein toller Love-Story-Beginn,
der jedoch ohne „Zusammen und Gemeinsam"
das Kapitel verschließt.

So dank ich dir fürs Liebenlernen,

zum ersten Mal wahrhaft einen anderen
Menschen und zum anderen wieder
nach Dunkelheit mich.

Durch die Augen deiner Freunde

Ich wünsche mir,
dass du dich selbst liebst.
Dich durch die Augen deiner
Freunde siehst.

Wie viel weniger würdest du
zweifeln?
Wie viel netter würdest du
dich behandeln?
Wie viel weniger würdest du
negativ über dich sprechen?
Wie viel mehr würdest du dir
zutrauen?
Wie viel mehr würdest du dich
lieben?

Ich wünsche mir,
dass du dich selbst liebst.
Dich durch die Augen deiner
Freunde siehst.

Ein Augenblick,
der für die Ewigkeit bleibt

Sekunden werden zu Minuten,

Minuten die sich anfühlen wie eine Ewigkeit,
Die Ewigkeit sie ist Beständigkeit.

Viele Jahre später,
ist der kurze Augenblick von damals,
noch immer tief eingebrannt
in meinem Gedächtnis,

Berührungen, die nie aufgehört haben,
Gefühle, die nicht zu beschreiben sind,

Minuten die dank meiner Albträume,
nie aufgehört haben weiterzulaufen.

Es ist alles nach wie vor,

als würde es gerade passieren,
als hörte es niemals auf,

mir weh zu tun.

Heute sind die von mir
gewollten Berührungen,
neuer, wunderbarer Menschen,

nach wie vor
ein innerlicher Kampf.

Sie haben rein gar nichts
mit dem Augenblick,
der Ewigkeit von damals zu tun,

dennoch tun sie mir teilweise
nicht gut, denn da sind sie,
die Erinnerungen,
die Folter der Vergangenheit,
die es schafft,
die jetzt schönen gewollten Momente,
zu vernichten,

bevor sie irgendwas schaffen
in mir von damals zu heilen.

Ein Augenblick,
der für die Ewigkeit bleibt,

mit dem ich seitdem,
im negativsten Sinne,

die Auswirkungen
auf mein Leben teile.

Ich wollte schreien,

so laut wie ich noch nie zuvor
geschrien habe,
zum ersten Mal freiwillig
um „Hilfe" bitten,
lautstark in die Welt rufen,
für jeden hörbar,

Hauptsache einer hilft mir.

Doch da war nichts,
es kam nichts.

Nicht der kleinste Pieps,

kein leisester Laut
verließ meine Lippen.

Nichts, reine Stille.

Die schlimmste Stille,
die ich je zu ertragen hatte.

Jahre später ist sie immer noch dort,
die Stille, der Stillstand,

wie in einer Schneekugel gefangen,
alles um mich herum bewegt sich,
unterhält sich,

ich jedoch hänge in dem Moment,
unter der Schneekuppel fest,
stelle alles auf den Kopf,
unerträglicher Stillstand,
unaushaltbare Stille,

Ungewissheit der anstehenden Zeit.

Selbst heute noch, egal mit wem,
ist Schweigen, reine Stille
für mich ein Phänomen,

alles in mir sträubt sich,
hält es nicht aus,

ist die Welt um mich herum zu still,
ist mein Kopf zu laut,

er feiert die wildeste Party,
voller exzessiv tanzender Gedanken,

alles setzt mein Unterbewusstsein,
mein Innerstes in Bewegung,

rein um der Stille
aus dem Weg zu gehen.

Ein Augenblick,
der für die Ewigkeit bleibt,

mit dem ich seit dem,
im negativsten Sinne,

die Auswirkungen
auf mein Leben teile.

Blendete alles aus,
doch manches, es war einfach zu laut.

Das leise Keuchen in meinem Ohr,
das kurze Stöhnen an meinem Hals,
die unkoordinierten Hände an meiner Kleidung,
die kalten Finger auf meiner Haut,
die Alkoholfahne in meiner Nase,
der Nikotingeschmack an meinem Kinn.

Nach meinem Gürtel, an den Knöpfen der Jeans
war endlich Schluss,

ein fester Tritt,
gezielt zwischen die Beine,
schmerzverzerrtes in Richtung Boden gehen,

freie Bahn,
noch nie so schnell von A nach B.

Ein Augenblick,
der für die Ewigkeit bleibt,

mit dem ich seit dem,
im negativsten Sinne,

die Auswirkungen
auf mein Leben teile.

Einst mein Alles

Du warst einst mein Alles,
jeder einzelne Gedanke.

Gerade erstarrte ich,
realisiert hab ich,

ich denke nicht mal mehr an dich.
Erst dein Bild hat mich erinnert,
du existierst noch,

nur eben nicht für mich.

Kein Schmerz. Keine Freude.
Kein Hass. Keine Liebe.

Neutralität, als wäre dort nie ein
Gefühl gewesen.

Keine Ahnung, wann es passierte.
Du existierst und ich lebe.

Ich liebe, aber nicht dich.

Entschleunigung

Wie gut würde jedem von uns
Entschleunigung stehen?

Wie gut würde uns Entschleunigung stehen,
ab und an auf die Bremse zu treten,

unser Leben zu genießen,
das Leben mit all seinen Facetten zu sehen?

Wie gut würde uns Entschleunigung stehen?

Welche Auswirkungen würde sie wohl
auf unser Leben, Wesen und Umfeld nehmen?

Wie gut würde jedem von uns ab und an
Entschleunigung stehen.

Ertrinken

Während das Glänzen der Sonne
auf der Meeresoberfläche schwindet,

und ich immer tiefer in die Tiefe sinke,
lasse ich meine Gedanken treiben,

fühl mich schwerelos, ganz leicht.

Abgefunden mit meinem Schicksal,
genieß ich die Stille,

spüre das Friedliche im Untergehen,
sodass das Ertrinken magisch wirkt.

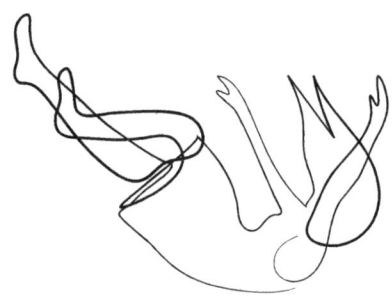

Ich habe keine Zeit meine Gedanken,
wie so oft sonst, zu sortieren,

lediglich all meine Sinne sind fokussiert.

Ich spüre, erlebe das Ertrinken
so intensiv wie nie zuvor.

Meine Haut spürt die Nässe des Wassers,
die sanfte Kälte des Meeres.

Meine Augen sehen das mächtige Blau des Ozeans,
das beruhigende Funkeln an der Wasseroberfläche.

Meine Ohren hören das Rauschen unter Wasser,
lauschen den Gesängen der Wale und Delfine.

Auf meiner Zunge schmecke ich
das pure Salz des Meeres,

und meine Nase erinnert sich an den Geruch
des Strandes und des Windes.

Während ich immer tiefer sinke,
verblasst meine Angst vor dem Ertrinken.

Meine Sinne sind hellwach,

mein Fokus liegt ausschließlich
auf meiner Wahrnehmung.

Für Ängste ist hier kein Platz mehr.

Ich liebe die Schönheit,
das Bewusstsein des vermeintlich
Gefährlichen,

des Untergangs.

Umso stärker ich jedes Detail wahrnehme,
die Eindrücke des Meeres,

des Unterwasserseins inhaliere,

das Gefühl auf und unter
meiner Haut zelebriere.

Umso klarer wird mir,

alles ist eine Frage der Perspektive,
es kommt immer auf die Sichtweise an,
mit der wir Dinge betrachten.

Das Ertrinken wurde mein
seelischer Frieden.

Es ist okay

Es ist okay, wenn du gehst.
Es tut nur scheiße weh, doch
ich wünsche dir alles Glück der Welt.

Ich hoffe dein Weg führt dich zu diesem See,
von dem du immer geträumt und erzählt hast.

Ein See im Morgengrauen,
Nebel und Morgentau,

Stille, nur Vogelgezwitscher um dich herum.

Ganz allein sitzt du auf der
leicht feuchten Bank,

lässt deinen Gedanken freien Lauf.

Du fühlst dich als hättest du
Flügel und seist federleicht.

Anderen wäre dieser Ort zu einsam,

aber du fühlst dich frei,
geborgen und eins mit der Natur.

Du liebst diesen Moment,

in dem du völlig versunken
und vertieft bist,

alles um dich herum ausblendest,
den Moment genießt,

die Vergangenheit abgeschlossen hast,
die Zukunft ungewiss sein lässt,

und nur jetzt,
jeden Atemzug genießt.

Zweifel, Ängste, Sorgen,

alles Negative auf dieser Welt
hast du für einen Moment vergessen.

Du schließt die Augen und träumst.
Du siehst so unbeschwert,
so friedlich aus.

Ich lass dich sein,

kann nicht viel tun,
außer für dich da zu sein.
Dir zuzuhören.
Dich in den Arm zu nehmen.

Und dir immer wieder klar zu machen,
wie wertvoll du bist,
was du mir bedeutest,
wie wunderbar du bist,

und wie sehr ich dich liebe.

Jetzt ist der Tag gekommen,
den ich nie erleben wollte.

Du wachst von deinem Traum nicht mehr auf.

Du sitzt auf der Bank am See,
mit deinen Augen geschlossen.

Mit den ersten Sonnenstrahlen,
die deine Nase kitzeln,

schläfst du mit einem wohligen
warmen Gefühl um deine Brust ein.

An deinem See, den außer dir
noch nie jemand gesehen hat,

der jeden Tag nur für dich
zum Leben erwachte.

Ja, dieser See hat dir dein
Leiden genommen.

Deine Tage so erträglich wie nur
irgend' möglich gemacht.

Und jetzt?

    Jetzt ist alles was bleibt,
    ein freundliches Lächeln auf deinem Gesicht.

    All die schönen, lustigen und
    abenteuerlichen Momente,
    die wir erlebt hatten.

    Die guten und auch die schlechten,
    traurigen und harten Tage.

Eins möchte ich noch, dass du weißt:
Du wirst mir nie vergessen sein,

auch nicht wenn ich irgendwann so lebe,
dass ich wieder glücklich bin,
und nicht bei jeder Aktion
an dich denken muss,

aber selbst dann bist du immer bei mir.
Du bist nicht wirklich weg,
denn ich habe dich immer in meinem Herzen.

Solange mein Herz noch schlägt,
solange lebst du weiter.

Ich hoffe du hast gefunden,
wonach du gesucht hast.

Ich hoffe du bist jetzt glücklich,
und lebst deinen Traum,

Nicht nur für einige Stunden,
sondern diesmal für die Ewigkeit.

Es ist okay,
dass du fortgingst.

Es ist okay,
dass es scheiße weh tut.

Es ist okay,
dass ich jetzt allein
meinen Weg weiter gehe.

Es ist okay,
dass du dort glücklich bist
und ich dich vermisse.

Es ist okay,
so wie es ist.

Fehl3r

Fehl3r machen ist menschlich.

Doch wenn Fehl3r machen menschlich ist,
warum haben wir so große Angst davor
menschlich zu sein?

Wenn Fehl3r machen menschlich ist,
warum wollen wir so sehr unmenschlich sein?

Wenn Fehl3r machen menschlich ist,
warum existieren „keine" Menschen auf dieser Welt?

Fehl3r machen ist menschlich.

Jeder begeht Fehl3r,
größere und kleinere,
egal ob wir sie uns eingestehen,
oder mit einem Radiergummi ausradieren.

Wir alle begehen Fehl3r,

haben schon unzählige begangen,
und werden noch unzählige begehen.

Fehl3r machen ist menschlich.

Fehl3r machen ist kein Verbrechen,
jedem werden sie geschehen.

Fehl3r zu machen ist hervorragend,
von ihnen können wir mit am meisten lernen.

Fehl3r zu machen sollten wir uns eingestehen,
sie als Chance, nicht als Versagen sehen.

Fehl3r machen ist menschlich.

    Fehl3r machen ist menschlich.
    Das Unmenschliche ist,
    wie wir mit ihnen umgehen.

Fehl3r machen ist menschlich.

Ich mache den Anfang,
ich möchte mir zukünftig F3hl3r
eingestehen,

Fehl3r als Chance sehen,
keine Angst mehr haben Fehler
zu begehen.

Ich bin kein Fehler, nur weil
ich einen Fehl3r begehe.

Fehl3r machen ist menschlich.

Fernweh

Ein fremder Ort
und doch so vertraut
Er zieht mich in seinen Bann

Ich träume von ihm und fühle mich frei
habe Sehnsucht zu dem Ort in der Ferne

Ich kenne ihn zwar noch nicht,
doch fühle mich bereits geborgen

Von Tag zu Tag wird mein Fernweh
nach ihm immer größer

Freiheit

Ich würde gern die Freiheit genießen,
doch bin eingesperrt in einem Raum.

Ich würde liebend gern diese Welt bereisen,
doch ich hocke hier in einem Haus.

Wo würde ich nicht überall gerne hin,
doch ich lebe hier, gefühlt ohne Sinn.

Ich würde gern diese Freiheit erleben,
doch bietet sich mir kein Ausweg
aus den Engen dieses Gebäudes,

es bietet sich mir kein Ausweg
aus den Fängen meines Kopfes,

er hält mich gefangen.

Frieden

Ich freue mich auf den Tag,

an dem ich Frieden
mit meinem Körper
schließen werde.

Ich freue mich auf den Tag,

an dem ich aufhören werde ihn
zu kritisieren,
zu manipulieren,
zu quälen,
zu verändern.

Ich freue mich auf den Tag,

an dem ich meinem Körper danken
werde, für all das, was er für
mich getan hat, dafür, dass er
mich einzigartig macht.

Ich freue mich auf den Tag,

an dem ich aufhören werde
ihn zu bekriegen,
zu bekämpfen.

Solange dieser Tag
noch nicht gekommen ist,

werde ich in kleinen Schritten
daraufhin arbeiten,

meinen Körper zu akzeptieren,
zu lieben.

Bis dahin,
freue ich mich einfach auf den
Tag, an dem genau das
passieren wird,

und ich endlich
Frieden mit meinem
Körper schließe.

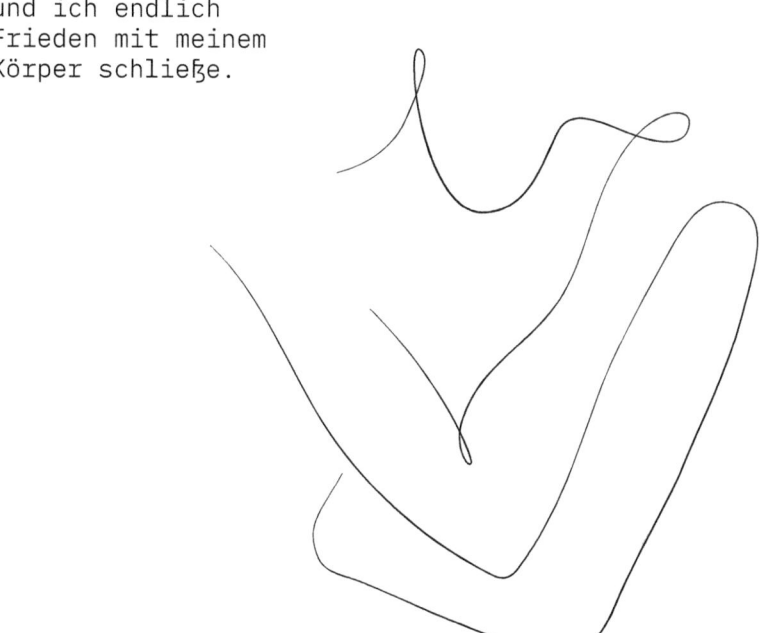

Früh habe ich ein
Handwerk gelernt

Früh habe ich ein Handwerk gelernt.
Du warst mein Lehrer,
Meister der höchsten Schule.

Von dir habe ich gelernt,
zu verdrängen,
so zu tun als sei alles gut.

Mit den Jahren weiterentwickelt,
Stück für Stück,
die Kunst perfektioniert.

Seit Jahren schaffst es nicht einmal
mehr du, mein ehemaliger Meister,
zu erkennen wann ich nur so tu.

Früh habe ich ein Handwerk gelernt.
Du warst mein Lehrer,
Meister der höchsten Schule.

Sogleich ich mir sicher bin,
du wolltest mich nie darin lehren,
so bin ich nun besser als du.

Kinder schauen sich vieles ab,
wissen es nicht besser,
adaptieren von ihren Vorbildern.

Das ist keineswegs ein Vorwurf,
verstehen kann ich dich dadurch nur zu gut.

Ich bin so sehr wie du.

Gelähmt

Ich fühle mich so gelähmt.

Jede Zelle in meinem Körper wartet darauf,
dass jemand kommt – mich aus dem Bett hebt,

in einen Rollstuhl setzt,
die Tür offen hält,
mir so die Teilhabe am Leben ermöglicht.

Der Twist an der Geschichte,
ich bin nicht gelähmt,

niemand wird kommen,
mich aus dem Bett heben,

in einen Rollstuhl setzen,
die Tür offen halten,
mir so die Teilhabe am Leben ermöglichen.

Der Einzige der das kann,
bin ich,

genauer, es ist mein Kopf.

Ich arbeite daraufhin,
dass mein Kopf es schafft,

mir Antrieb zu schenken, Kraft,
sodass ich von allein
aus dem Bett aufstehen kann,

zur Tür laufen,
sie öffnen,

mir ein aktives gelebtes
Leben ermöglichen kann.

Gleichgültigkeit

Die Fürsorge, die ich für andere
habe, wünschte ich mir auch für mich.

Ich wünschte, mein Leben wäre mir
nicht gleichgültig.

Mir wäre nicht gleichgültig
was mit mir passiert.

Mir wäre nicht gleichgültig,
was ich fühle.

Mir wäre nicht gleichgültig
wie mich andere sehen,

schon gar nicht, wie es mir geht.

Auch wenn die Gleichgültigkeit
ihre Vorteile haben mag,
spüre ich nur ihre Schattenseiten.

Da ist der fehlende Ansporn,
etwas aus mir,
und aus meinem Leben zu machen.

Da ist die fehlende Motivation,
meinen Träumen und Zielen nachzugehen.

Da ist die fehlende Disziplin,
meine Träume und Ziele umzusetzen,
geschweige denn durchzuziehen.

Da ist die fehlende Motivation,
meine Fähigkeiten
bis zum Maximum auszunutzen,
all mein Potential auszuschöpfen.

Da ist die fehlende Empathie
für mich selbst, meine Seele,
mein Herz etwas fühlen zu lassen,
die Kälte aus mir entfliehen zu lassen.

Die Fürsorge,
die ich für andere habe,
wünschte ich mir auch
für mich.

Ich möchte mir nicht
gleichgültig sein.

Größter Feind

Und Ich,
Ich bin mein größter Feind.

Woher das kommt,
dass weiß ich nicht so genau.

Tatsache ist,

Ich habe zu früh angefangen
an mir zu zweifeln,

zu früh damit begonnen
anderen Glauben zu schenken,

zu früh damit begonnen
auf das zu hören, was andere von mir wollen,

Hauptsache ich funktioniere,
Hauptsache die anderen mögen mich.

Aber die Wahrheit bei all dem ist,
Ich mochte mich nicht.

Und jetzt,

Jahre später – mehr als ein Jahrzehnt,
bin ich immer noch dabei,

mich selbst wiederzufinden,
vielleicht das erste Mal wirklich zu finden.

Herauszufinden,
was ich eigentlich will,
wer ich bin und wer ich sein möchte,
was mir liegt,
was mich erfüllt,
wo meine Talente liegen,
und worin ich wirklich von Herzen aufgehe.

Jetzt,
liegt mein Fokus nur noch darauf,
MIR zu gefallen,
Das BESTE für MICH zu sein,
Nicht für dich.

„Hauptsache es gefällt dir."
„Hauptsache du findest es schön."

Das sind Sätze, die du zu mir gesagt hast.
Du, Du bist ein 6-jähriges Kind aus meiner Kita,

und damit hast du mich fasziniert,
zum Nachdenken animiert.

Ich möchte kurz die Situation aufgreifen,
Hintergrundinformation liefern,
um verständlich zu machen,
wieso du diese zwei Sätze gesagt hast,
und weshalb sie mich genau deshalb
so fasziniert haben,

mich immer noch faszinieren.

Es war kurz vor Weihnachten.

Im Morgenkreis durfte jeder erzählen,
was er sich vom Christkind,
dem Weihnachtsmann wünscht.

Und als alle Kinder nacheinander
all ihre Wünsche erzählt haben, war ihr Wunsch,
dass auch wir Erzieher unsere Wünsche mit ihnen
teilen.

Meine Kollegin war zuerst an der Reihe, sie hat
sich ein Wochenendausflug und Kerzen gewünscht,

und dann sollte ich erzählen.

Im ersten Moment fiel mir nichts ein, was ich mir
wünsche, denn ich hatte mir nichts gewünscht.
Doch ich sah in so viele strahlende,
erwartungsvolle Augen,
mit riesen Vorfreude auf Weihnachten
vollgepackt.

Also dachte ich eine Weile kurz nach.
Und da gab es tatsächlich etwas,
dass ich mir wünschte,
es war etwas sehr Ungewöhnliches,
das gebe ich selbst zu,
und ihr erfahrt auch gleich wieso.

Schließlich räusperte ich mich,
und sagte ganz selbstbewusst,
selbst schon etwas schmunzelnd dabei:

„Wisst ihr was,
es gibt doch eine Sache, die ich mir wünsche:
– Ich wünsche mir Kinderbesteck.

Denn große Löffel sind mir zu unbequem,
und bei Kleinen brauch ich 5x so lange
bis ich fertig bin.

Also wünsche ich mir Kinderbesteck."

Die ganze Gruppe fing an zu lachen,
und ich gleich mit.

Denn sitzt mal vor über 10 lachenden
Kindern, und sagt mir
ihr müsstet nicht ernsthaft mitlachen,
dafür ist jedes individuelle Lachen
zu ansteckend, die pure Freude der Kinder,

fast schon eine Art Glücklich-sein-Magie.

Als alle Kinder so herzlich lachten,
hörte eins auf, drehte sich zu mir um
und sagte:
„Hauptsache es gefällt dir."
„Hauptsache du findest es schön."

Und das Kind ergänzte noch:
„Das ist das wichtigste."

Es meinte seine Worte von ganzem Herzen ehrlich,
sie sollten mich, denke ich, aufmuntern,
obwohl ich das gar nicht brauchte.

Aber sie waren von Herzen gemeint,
das ist das Schöne an Kindern,
sie tragen jedes Gefühl
und sprechen jede Aussage ungefiltert,
für das Gegenüber direkt einordbar.

Ca. 2 Wochen später, an Heiligabend,
packt 24-jährige Pauline (ich), also
ihre Geschenke aus.

Und ich möchte ehrlich mit euch sein,
ich glaube ich habe mich noch nie so sehr
über ein Geschenk gefreut.

Da lag es vor mir, Mein Kinderbesteck.

Jetzt waren meine Augen am Funkeln,
mein ganzes Gesicht am Strahlen,

so wie ca. 2 Wochen zuvor die der Kinder,
als sie nur über ihre Wünsche gesprochen haben.

Und da kamen mir wieder die Sätze des Kindes in
den Sinn:
„Hauptsache es gefällt dir."
„Hauptsache du findest es schön."

Und wie recht dieses Kind doch hat!
Es ist nur wichtig,
dass einem selbst,
der eigene Geschenkwunsch,
die Kleidung oder was auch immer gefällt,
dass man sein eigen gemaltes Bild,
sein eigen konstruiertes Gebäude
schön findet.

Und wie toll war bitte die Aussage
und das Verhalten des Kindes,
zu dem Zeitpunkt als alle lachten,
aufzuhören, aufeinander aufzupassen,
aufzumuntern und zu unterstützen.

Da frag ich mich,
wieso kann ein 6-jähriges Kind das,
aber wir als Gesellschaft,
haben es verlernt?

Wieso ist in diesem Punkt
ein Kind unser Vorbild,
wo wir Erwachsene doch die Vorbilder
der Kinder sein sollten?

Seit wann spielen wir verkehrte Welt?

Jetzt ist mein Wunsch,
dass wir uns alle immer an die Worte
dieses Kindes erinnern,
andere ermutigen, unterstützen und stärken,
anstatt zu beurteilen, zu verurteilen,
oder andere runterzumachen,

für etwas, das wir persönlich
nicht schön finden, die andere Person aber
offensichtlich schon.

Denn, das Einzige, was zählen sollte, ist:

„Hauptsache dir gefällt es."
„Hauptsache du findest es schön."

Und wer weiß,

      wenn wir diese zwei Sätze mehr als
      nur verinnerlichen,
      sie auch umsetzen und unseren Kindern
      als Vorbild vorleben,

      vielleicht gibt es dann weniger
      Ausgrenzung oder gar Mobbing
      auf dieser Welt.

      Vielleicht ist das ein Mini-Schritt
      in Richtung besserer Welt.

      Das wünsche ich mir.

Hilfe

Und wenn Du Hilfe brauchst,
spring über deinen Schatten, gib es zu.

Du bist nicht schwach,
Du bist einfach Du.

Von Zeit zu Zeit,
wird es jedem Mal so gehen.

Hilfe anzunehmen,
ist keine Form von Schwäche.

Es ist reiner Mut, Zuversicht,
es wird alles wieder gut.

Ich ertrinke
in der Stille zwischen uns

Wo früher Wasserfälle
und Fluten tobten,
bleibt nur ein ausgetrockneter
Bachlauf zurück.

Die Mengen an Wasser,
so stark, rau, ungefiltert,
sie sind versickert.

Dennoch ertrinke ich.
Ich ertrinke
in der Stille zwischen uns.

Ich sein

Inzwischen bin ich gerne ich.

Ich bin froh, ich zu sein.

Ich bin ich ohne Maskeraden.

Ich bin gerne ich.

Und ich hoffe, du bist gerne du.

In den Griff kriegen

Warum
ist mein Kopf dauerhaft leer?

Warum
kann ich nicht mehr?

Wann
kam der Sturm, der alles mit sich riss?
Der mich aus meiner Komfortzone
schleuderte – ins tiefe, schwarze Ungewisse?!

Wie
finde ich mich wieder?

Wie
kriege ich mein Leben
in den Griff?

Ist es zu viel verlangt, verstanden gewollt zu sein

Heute waren es 11.

11 Konversationen
mit 15 verschiedenen Menschen.

Darunter Familie, Freunde, Kollegen.

Viele Sätze, tausende Worte
wurden gesagt und gehört,

doch verstanden
wurde kein einziges von ihnen.

Wie kommt es, dass ich so viele Worte in Sätze gepackt über meine Lippen kommen lasse, Tag täglich, ohne mich seit langem je verstanden gefühlt zu haben, vielleicht sogar jemals verstanden gefühlt zu haben?

Wähle ich die falschen Worte, unpassend für das was ich ausdrücken möchte, oder liegt es nicht an mir, sondern an dem was mein Gegenüber aus meinen Worten macht?

Spreche ich zu viel, sodass nur wenig bei meinem Gegenüber ankommt, oder rede ich gar zu wenig, sodass nichts ankommen kann?

Wähle ich meine Worte zu kompliziert, sodass man ihnen nicht folgen kann, oder liegt die Aufmerksamkeit von Anfang an nicht bei meinen Worten, sondern was als nächstes im Tagesplan rankommt?

Gestern waren es 20.

20 Konversationen,
mit 20 Leuten.

6 davon persönlich,
von Angesicht zu Angesicht,

4 telefonisch, zumindest
unmittelbar darauf regierbar,

10 von ihnen per Text,
teils undefinierbar was der Sender
zu vermitteln vermochte,
sprich im Endeffekt
rein interpretierbar.

Wie kommt es, dass ich so viele Worte in Sätze gepackt über meine Lippen kommen lasse, tagtäglich, ohne mich seit langem je verstanden gefühlt zu haben, vielleicht sogar jemals verstanden gefühlt zu haben?

Wähle ich die falschen Worte, unpassend für das was ich ausdrücken möchte, oder liegt es nicht an mir, sondern an dem was mein Gegenüber aus meinen Worten macht?

Spreche ich zu viel, sodass nur wenig bei meinem Gegenüber ankommt, oder rede ich gar zu wenig, sodass nichts ankommen kann?

Wähle ich meine Worte zu kompliziert, sodass man ihnen nicht folgen kann, oder liegt die Aufmerksamkeit von Anfang an nicht bei meinen Worten, sondern was als nächstes im Tagesplan rankommt?

Den Tag davor, Vor-Vor-Gestern, es war ein
Sonntag, ein reiner für Mich Entspannungs-
Tag. Da waren es 2.

2 Konversationen mit 2 Personen.

Die eine war ich selbst,
habe mal wieder ein Selbstgespräch gewagt.

Die andere Person rein fremd, ich hatte
ihn beim Spazierengehen getroffen.

Ein ernsthaftes, tiefgründiges und
langandauerndes Gespräch mit meiner selbst,

hingegen ein kurzer spontan Talk,
etwas mehr als ein Small-Talk mit ihm, den
ich wohl niemals wiederholen werde, da ich
ihn wohl kaum erneut zu treffen vermag, war
er nicht von hier.

Schlau und erkenntnisreicher hat mich so
keines von beiden wirklich gemacht.

So kommt es vor, von Zeiten zu Zeiten, dass
ich mich selbst hinterfrage, ob es zu viel
verlangt sei, verstanden gewollt zu sein.

Dabei verlange ich nicht einmal, das jeder
Mensch mich in jeder einzelnen Konversation
versteht,

aber einzelne Menschen, nur ein paar wenige,
eine Handvoll vielleicht, das würde schon
mehr wie reichen,

ab und an, an einzelnen Tagen, wenn es gera-
de von Bedeutung für mich ist,
meinen Worten Aufmerksamkeit schenkt,
diese bedacht im Kopf arbeiten lässt,

um dann als Antwort meines Gegenübers,
ein empathievolles
„Ich verstehe dich!"
entfliehen lässt.

Nur ab und an,
das reiche mir schon,

wünschte ich mir meine Worte träfen
auf mehr wie nur Gehör,

Sie führten zum Verstand
des Gesagten, meines Gesagten.

So gehe ich weiter Tag für Tag,
führe Konversation über Konversation,

bis endlich einer jemals vermag
zu verstehen, auf diese eine
ehrliche wahrhaftige Art,

was meine Worte eigentlich
zum Ausdruck brächten,
würde sie einer jemals wertschätzen.

Keinesfalls von Bedeutung dabei,
ob Familie, Freunde, Kollegen, Fremde
oder meine Person selbst,

Hauptsache ich erlebe Verständnis für meine
ausgesprochenen Worte und was diese
versuchen zum Ausdruck zu bringen.

Kein Mensch, der gerne redet

Ich bin kein Mensch, der gerne
redet, erst recht nicht viel
und vor allem nicht ungefragt.
Ich hasse den Standard Small-
Talk, führe lieber tiefgründige
Gespräche, doch zu tiefgründig
dürfen sie auch nicht sein.

Ich bin kein Mensch, der gerne
redet, denn beim Reden gibt man
immer zwangsläufig etwas über
sich preis.
Der Preis dafür scheint mir je-
doch einfach zu hoch zu sein,
ich bin eben ein sehr ver-
schlossener Mensch.

Ich bin kein Mensch, der gerne redet,
so tut es mir leid, wirke ich
desinteressiert in deiner Gegenwart.
Es liegt nicht an dir.

Gesprächsthemen zu finden,
scheint mir oft zu gewagt.

Doch hast du es in meine Gegenwart
geschafft und verweilst dort eine
Zeit,

sei dir sicher:
Mein Interesse hast du längst
geweckt. Dort könnte kein
Desinteresse mehr sein.

Ich bin kein Mensch, der gerne redet,
ich höre lieber zu,
wenn andere reden,
neue Dinge über sich preisgeben.
Ich sitze lieber schweigend daneben,
lausche aufmerksam,
werde lieber nicht gefragt,

denn ohne Frage
gibt es keine Antwort.
Die Antworten behält mein Kopf viel
zu gerne für sich.

Ich bin kein Mensch, der gerne redet.

Kennt ihr das?

Ihr habt jemandem getroffen,
versteht euch auf Anhieb,
seid einander vertraut,
vertraut einander alles an.

Ihr freut euch über jede
Nachricht, seid glücklich über
jeden noch so kurzen Kontakt,

fühlt euch fast verliebt, wisst
nicht, ob ihr es wirklich seid.

Aber anstelle sich etwas zu
erträumen, seid ihr zufrie-
den mit der Situation, egal ob
Freundschaft oder Liebe, diese
Person ist alles einfach wert.

Jede Sekunde, jede Minute,

und alles was du investierst
kommt zurück.

Kindergarten

„Was für ein Kindergarten",
und nein, dabei spreche ich nicht über einen
Kindergarten mit Kindern.

    Ich spreche von unserer Gesellschaft,
    von unserer Umgangsweise miteinander,
    vom Bundestag und allem anderen.

Und bin ich ehrlich,
im Kindergarten geht's teils
zivilisierter zu.

Schauen wir uns nur den Bundestag an, und
ich sage direkt vorweg,
ich werde keine politische Stellung in die-
sem Buch beziehen,
nicht über Politiker im Allgemeinen „herzie-
hen", dass wäre ein Fass ohne Boden,
und ich habe gerne festen Grund unter den
Füßen, auf dem ich steh.

Ich schau mir gelegentlich öffentliche Aus-
schnitte aus Bundestagssitzungen an, höre
verschiedene Reden, unterschiedlichster
Politiker, aus den differenziertesten
Parteien. Und alle, alle die ich je gesehen
habe, hatten eins gemeinsam, unabhängig der
Partei, der vorsprechenden Politiker.

Was ich meine fragt ihr euch bestimmt, und
ich werde es euch gleich erklären. Ich kann
euch vorweg nur empfehlen, schaut es euch
selbst einmal an,
denn alle Gedanken, die ich dabei habe,
beschränken sich auf einen Satz,
„Was für ein Kindergarten".

Geht jemand aus einer anderen Partei, als
der eigenen zum Rednerpult, werden Augen
verdreht, gestöhnt oder sogar gebuht.
Fangen Sie erst an zu reden, gibt es zyni-
sche Zwischenrufe, oder allgemein ununter-
brochen Geschwätz in den Reihen.
Ist man danach selbst mit Reden an der Rei-
he, verschwendet man lieber all seine Zeit,
den Vorredner niederzumachen, sich selbst
als besser dastehen zu lassen, und ob dabei
der Inhalt der eigenen Rede noch im Fokus
steht,
wissen die einzelnen glaub ich selbst manch-
mal nicht mehr so genau,
so hab ich das Gefühl.

Das Traurige daran,
jeder einzelne Politiker,
egal welcher Partei,
wurde vom Volk gewählt,
soll die Bürger auf großer Ebene
repräsentieren.

Doch ich sag ganz ehrlich,
ich möchte von niemanden vertreten
werden, der nicht mal das Grundmaß an
Gesprächsetikette versteht.

Wir als Erwachsene,
egal ob als Politiker im Bundestag,
in einer Talkshow im Fernsehen,
in der Öffentlichkeit,
oder ganz einfach im Privaten
im Freundes- oder Familienkreis,

sollten zumindest ein Grundmaß
an Gesprächsetikette besitzen,
es als Vorbilder den Jüngeren vorleben,
ihnen etwas fürs Leben lernen.

Wir sollten einander doch zuhören,
den anderen aussprechen lassen,
verschiedene Meinungen akzeptieren,
vernünftig miteinander,
im ruhigen diskutieren.

Stattdessen reden wir so häufig übereinander,
und keiner versteht mehr irgendwen, andere
Meinungen, widersprechen meiner, also sind
von Grund auf als falsch angesehen,
dass es allerdings kein wirkliches falsch
und richtig gibt, wollen wir hierbei wieder
nicht sehen.
Wir sind während dem Gespräch eh nicht im
Hier und Jetzt, weil jedermanns Handy zum
zehnten Mal piept, digitale Kontakte, die
heute scheinbar über allem stehen.

„Was für ein Kindergarten"

Was mit all dem,
wollen wir unseren nächsten Generationen
erzählen, das Grundmaß an Gesprächsetikette
können sie niemals mehr verstehen.

Leben wir ihnen als Erwachsene,
als Gesellschaft nichts Positives mehr vor,
wie können wir dann von ihnen erwarten,
in Zukunft besser wie wir zu sein,
und all unsere Hoffnung in sie zu legen,
lassen wir sie damit doch indirekt verdammt
sein.

    Wie sollen denn Kinder
    von uns lernen,
    wenn wir selbst nicht mehr lernfähig
    sind, die Bedeutung des Miteinander
    selbst nicht mehr verstehen.

Und so muss ich zugeben,
ich wurde Kindern hier im Text
sehr ungerecht.
Denn mit meiner Aussage,
die als Metapher gemeint war,
„Was für ein Kindergarten",

werde ich Kindern im Bezug auf diesen
Text, nicht ansatzweise gerecht,
denn im Kindergarten,
mit den Kindern untereinander,
klappt die Gesprächsetikette
oftmals noch besser,
als wir sie ihnen versuchen,
„falschermaßen", mitzuteilen.

    „Was für ein Kindergarten", in
    dem wir heutzutage leben.

Kompass

Wie oft habe ich mir schon
einen Kompass gewünscht,
der mir die Richtung im Leben vorgibt,
der mich stets
auf den richtigen Weg führt,
schnellstmöglich zum Ziel bringt.

Ich brauche keinen Kompass mehr,
denn selbst wenn ich mich verlaufe,
auf Umwegen gehe,
bin ich genau da,
wo ich sein soll,
denn im Leben gibt es
schließlich nicht nur
den einen richtigen
Weg.

Konstante

Ich bin die Konstante in so vieler
Leben, der sichere Hafen, die
Beständigkeit, der Rückzugsort und
die Geborgenheit.

Die Konstante, die immer da ist,
sich nicht fortbewegt, keine Sorgen
bereitet, immer gefestigt an ihrem
Platz zu finden ist.

Ich bin die Konstante, auf die man
sich immer verlassen kann,
die Trost und Hoffnung schenkt,
die, die einen nie allein lässt und
bedingungslose Unterstützung hält.

Ich bin die Konstante, die dafür
sorgt, dass es den Menschen gut geht,
die Menschen ihre Sorgen teilen
können, und Kraft von mir bekommen.

In letzter Zeit fällt mir auf, wie
ich, die Konstante, kleine Risse be-
kommt, an einigen Stellen anfängt zu
zerbröckeln.

Jetzt erst wird mir bewusst,
ich bin die Konstante
in vieler Leben,
aber keine Konstante für mich selbst.

   Wie soll ich es also weiter schaffen,
   die Konstante für andere zu sein,
   wenn ich keine Konstante für mich
   sein kann.

   Wie soll ich es schaffen,
   die Beständigkeit, die Stabilität für
   andere zu sein,
   wenn ich selbst zerfalle.

   Ich möchte die Konstante
   der anderen bleiben,
   aber ich möchte auch lernen meine
   eigene Konstante zu sein,
   nur wie schaffe ich das,
   wer sagt mir das?!

Konstante

Liebe in mir

Ich trag so viel Liebe in mir,
dass ich von Zeiten überwältigt bin,
sie schlichtweg nicht zu händeln weiß.

Ich trag so viel Liebe in mir,
ich möchte vielen alles an Liebe geben,
und mir selbst gleichzeitig Liebe schenken.

Ich trag so viel Liebe in mir,
dass ich oft maßlos überfordert bin,
plötzlich all die Liebe in Ohnmacht fällt.

Ich trag so viel Liebe in mir, fühl mich
ganzheitlich erfüllt, und doch irgendwie ge-
lähmt.

Ich trag so viel Liebe in mir,
sodass ich nicht mehr weiß wohin mit ihr,
Hauptsache bloß nicht zu mir,
sagt mein Kopf zu ihr.

Jeder trägt so viel Liebe in sich,
wir sollten lernen sie zu geben,
an andere zu schenken,
aber niemals uns selbst dabei zu vergessen.

Mama

Bedingungslose Liebe
Geborgenheit, Sicherheit, Stärke
Dankbar für deine Wärme
Einzigartig

Mein Herz

schlägt schon lange nicht mehr
im Takt. Es galoppiert, es springt.

Es gönnt sich Pausen,
setzt für Augenblicke aus.

Mein Herz schlägt weiter,
egal was es schwächt.

Doch was ist,
wenn mein Herz irgendwann
nicht mehr schlägt,

es einfach aufhört und kapituliert?

Mein kostbarster Besitz

Ich bin reich.

Nicht wie du vielleicht jetzt
im ersten Moment dachtest,
ich habe keine Millionen auf dem Konto,
besitze nicht mal ein eigenes Auto,
geschweige denn eine Immobilie,
dennoch bin ich reich,
so unfassbar reich.

Mein kostbarster Besitz,

ist nicht von großem materiellem Wert,
die Wahrheit ist, ich habe ihn nicht mal für
einen Cent gekauft, ich habe ihn gar nicht
gekauft.

Also, was könnte ich besitzen, dass ich so
unfassbar reich bin?
Nicht nur ich bin unfassbar reich,
du bist es auch.

„Hä? Aber wie?",
fragen sich jetzt bestimmt einige,
und bei dem Gedanken daran muss ich
etwas schmunzeln,
denn bis vor kurzem habe ich das
selbst nicht verstanden.

Also möchte ich's dir erklären,
was mein und auch dein kostbarster
Besitz ist.

Unser kostbarster Besitz
ist immer bei uns,
verlässt uns nie,
jede Sekunde ist er da,
und macht uns jede Sekunde aufs Neue,
so unfassbar reich.

In dem Absatz war bereits eine An-
spielung darauf versteckt,
und gerade wieder,
wurde mir aufs neue bewusst,
wie dankbar ich für meinen
kostbarsten Besitz bin,
und wie wertvoll ich ihn eingesetzt
zu wissen möchte.

Unser kostbarster Besitz,
ist die Zeit,
sie macht uns alle
so unfassbar reich.

    Jede Sekunde, jeder Minute,
    jeder Stunde, jedes Tages,

können wir selbst entscheiden,
wie wir unseren Besitz nutzen,
und wofür wir ihn einsetzen.

Unser kostbarster Besitz,
eröffnet uns so viele Möglichkeiten,
dennoch schränkt er uns zeitlich
auch irgendwo irgendwie ein.
Wir können unseren kostbarsten
Besitz, unser aller Reichtum nicht
für Ewigkeiten behalten, und genau
das steigert doch
nochmal seinen Wert so immens.

Jede Sekunde,
bekommen wir die Möglichkeit,
neue Entscheidungen zu treffen,
und somit unser Leben zu gestalten.

Jede Minute,
bekommen wir die Möglichkeit,
etwas zu ändern, nachhaltigen
Einfluss auf unser Leben zu nehmen.

Jede Stunde,
bekommen wie die Chance,
neue Dinge zu lernen,
uns Wissen anzueignen,
unseren Horizont zu erweitern,
im Leben zu wachsen.

Und jeden Tag,
bekommen wir die Chance,
neue Abenteuer zu erleben,
unser Leben aktiv zu leben.

Die Zeit, mein kostbarster Besitz.
All mein Reichtum, geklaut werden
kann es mir nicht, denn ich entscheide,
wie ich und wofür ich sie nutze,
unser Reichtum ist auch gleichzeitig
unsere größte Freiheit.

Wir sind alle reich, so unfassbar reich.
Ich wünsche mir sehnlichst, jeder einzelne,
jeder wertvolle Teil der Gesellschaft,
könnte das auch so sehen.
Denn jeder von euch ist reich,
unabhängig vom Betrag auf dem Konto,
oder materiellem Wert.
Ihr seid reich, genauso wie ich,
auch ohne alles Geld der Welt, denn diesen
Reichtum, nimmt euch niemand so schnell.

Ich bin reich.
Und du bist es auch.
Die Zeit, unser kostbarster Besitz.

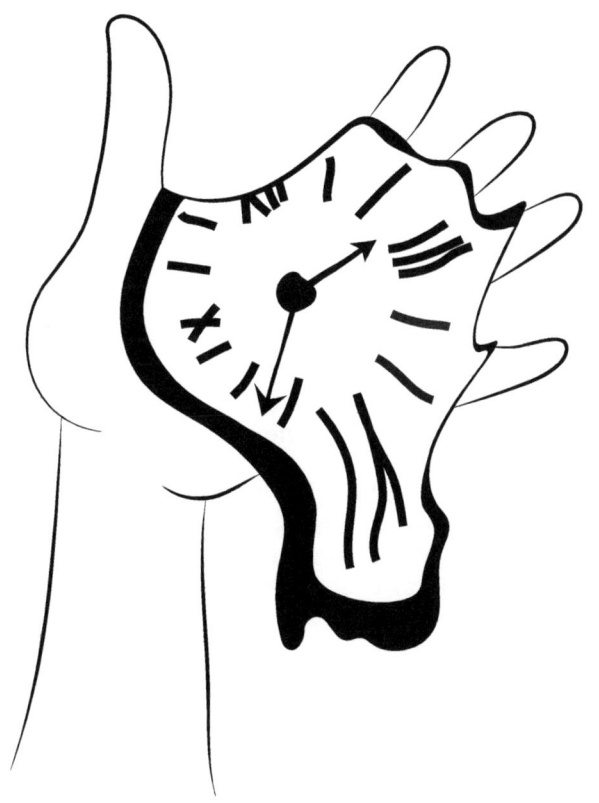

Mein und Dein

Wäre die Welt um einiges schöner,

gäbe es die Worte Mein und Dein nicht,
und kennten wir deren Bedeutung nicht?

Mein und Dein,
alles was ich raus höre,
ist Besitzeigentum,
Schuldzuweisungen von mir
zu dir und umgekehrt.

Deshalb frage ich mich,
wäre die Welt um einiges schöner,

gäbe es die Worte Mein und Dein nicht,
und kennten wir deren Bedeutung nicht?

Würde es mehr Frieden geben,
wenn wir aufhören würden,
kleinlich Besitz zu markieren,
uns selbst im Recht zu sehen?

So frage ich mich,
wäre die Welt um einiges schöner,

gäbe es die Worte Mein und Dein nicht,
und kennten wir deren Bedeutung nicht?

Ich wünschte es mir, trotz dem ich weiß,
es ist eine reine Utopie-Vorstellung,
und verändern kann man die Welt
dadurch nicht mehr.

Meinungen

Behalt deine Meinungen und Gedanken
über andere für dich.

Sie interessieren nicht.

Nicht sie, nicht ihn
und schon gar nicht mich.

Sie machen höchstens etwas
oder jemanden kaputt.

Behalte deine Meinungen
über andere für dich.

Mensch

Ich bin ein Mensch, ich weine nicht.

    Verberge meine Gefühle,
    denn schlecht geht es mir nicht.

Ich bin ein Mensch, ich weine nicht.

    Die Gesellschaft kennt
    Trauer und Leid nicht.

So bin ich ein Mensch, aber traure nicht.

    Ich verdränge Ängste und Zweifel,
    vor mir selbst, aber vor allem vor anderen.

Ich bin ein Mensch, ich zweifle nicht.

Probleme gibt es auf der Welt
und in meinem Leben nicht.

So bin ich ein Mensch und leide nicht.

Verdrängung, Verwirrung, Konflikte, Worte
ohne Bedeutung, denn sie kennt man nicht.

Ich bin ein Mensch. So schweige ich.

Schwäche und schlechte Leistung
kennen wir nicht.

So bin ich ein Mensch,
also funktioniere ich.

Mensch

Ja, ich bin ein Mensch.

Ich habe Gefühle,
Ängste und Zweifel.

Ich traure, ich leide.

Ich zweifle, ich schweige.

Ich bin ein Mensch
und ich weine!

Mit jeder Welle,

die am Ufer bricht,
zerbricht eine meiner Sorgen.

Jede neue Welle, die das Wasser
zu sich zieht,
zieht meine Selbstkritik ein
Stückchen von mir weg.

Jede Welle, die sich
neu auftürmt,
nimmt mir einen Teil meiner
Selbstzweifel.

Jede Welle die Sand vom Meeres-
grund aufwirbelt
und mit sich reißt,
lässt etwas Negatives aus mei-
ner Vergangenheit davon fließen.

Und so ist das Meer für
einige vielleicht nur eine
„Schönheit", die sie gerne
Stunden betrachten.
Doch für mich ist es
so viel mehr.

Es ist das Meer,
das mich für Stunden wieder
frei atmen lässt,
den Stein von meiner Brust
wegschwämmt, mich endlich
leicht fühlen lässt.

Es ist das Meer,
das für kurze Zeit
meine Therapie ersetzt,
und scheinbar unbeschwert
meine Gedanken versetzt.

Muskelkater

Das schönste Gefühl, mein Muskelkater.

Keine Schmetterlinge, keine Liebe,
kein Neid und kein Hass,

einfach nur Muskeln, meine Muskeln,
die mir sagen wollen, du hast was geschafft.

Das schönste Gefühl, mein Muskelkater.

Welche Beziehung wir zueinander haben?
Mhh … Ich würde es als Hassliebe bezeichnen.
Schmerzen bei jeder Bewegung,
allerdings mit dem Wissen,
ich habe meinem Körper etwas Gutes getan.

Das schönste Gefühl, mein Muskelkater.

So komisch es klingen mag, ich vermisse ihn
regelrecht, wenn ich Sport gemacht habe, und
ihn am nächsten Tag nicht spüren darf.

Das schönste Gefühl, mein Muskelkater.

Habe ich ihn,
so verteufle ich ihn,
habe ich ihn nicht,
so wünsche ich ihn mir herbei.

Mein Ansporn mich bis ans Limit zu puschen?
Ja, das bist du, mein Muskelkater.

Das schönste Gefühl, mein Muskelkater.

Neubeginn, Umzug ...

All diese Ereignisse,
sie haben Gemeinsamkeiten.

Sie sind die bewusste Entscheidung,
zur Neuerung, Veränderung,
dem Hinter-sich-Lassen des Alten,
allerdings keineswegs im Sinne
des Vergessens, Nein.

Es ist die bewusste Entscheidung,

mit all den Erfahrungen, Erlebnissen,
der vergangenen Jahre und Orte,
geprägt und gestärkt aufzubrechen,
eine Neuerung, gar eine
Horizonterweiterung zu schaffen.

Es ist die bewusste Entscheidung,
sich mit offenen Augen,
voller Vorfreude und Neugierde,

auf Erkundungstour zu begeben,
neue Erfahrungen zu sammeln,
Abenteuer zu erleben,

und sich kontinuierlich
weiterzuentwickeln.

Ein Umzug ist kein Abbruch,
es ist ein Umbruch,

der einen immensen Horizont,
an vielseitigen Geschenken bereit-
hält, sofern man sich entscheidet,
ihn mit allen Facetten zu erleben,

aufgeschlossen, neugierig,
die noch unbekannte,
ungewohnte Umgebung zu erkunden,
zu explorieren.

Ein Umzug, ein Neubeginn, schafft
so viele Möglichkeiten, vielseitige
Abenteuer, die nur darauf warten
entdeckt und erlebt,
gelebt zu werden.

Verschließen wir also nicht unsere Augen,
lassen uns nicht bremsen
von der Ungewissheit, nicht beängstigen
vertrautes Umfeld zu verlassen,

sondern lasst uns ein Beispiel nehmen,
an den Jüngsten unserer Gesellschaft,
vom Geschenk der angeborenen Neugierde
zu schöpfen,

auf Erkundungstouren loszuziehen,
gemeinsam einander zu stärken,
zu unterstützen,
den eigenen Horizont,
die Gemeinschaft zu erweitern,

und den Neubeginn als Chance zu sehen,
nachhaltig Wirkung auf unser Leben
zu nehmen.

Notenspiegel

Hätte mit 4ren, 5en und 6en
am laufenden Band nach Hause
kommen können,
wäre in den Arm genommen,
getröstet worden,

meine Eltern hätten mich unterstützt,
weiterhin bedingungslos geliebt,
nichts hätte sich geändert,
niemand hätte mich weniger lieb,
wäre nicht weniger wert,

hätte alles im Leben
nicht weniger verdient.

Doch was Schule und Noten angeht
war ich ein Selbstläufer,
bin es noch immer,
kann es nicht abschalten,
mein Kopf blockiert,

ist es keine 1, sondern eine 2,
bin ich ein Versager,
habe ich nur 99 statt 100 Punkten,
habe ich nichts erreicht,
bin plötzlich nichts mehr wert,
werde weniger geliebt,

habe alles was so kommt im Leben
nicht verdient.

      Das ist die Ansicht von keinem
      geringeren als mir selbst,
      nur von mir selbst,

so habe ich mindestens 10 Jahre mei-
ner Schulzeit, vor jeder Arbeit meine
Mama gefragt:

„Ist es schlimm, wenn ich eine
schlechte Note schreibe?",

und jedes Mal vor jeder Arbeit gab es
eine Gegenfrage: „Nein ist es nicht,
wieso sollte es denn nur?"

„Ja wieso sollte es denn nur?",
fragte sich jedes Mal mein Herz,

mein Mund antwortete: „Weiß ich nicht
genau. Ich frage ja nur",
mein Kopf jedoch,
er wusste es ganz genau.

Für ihn, meinen Kopf, haben
Leistungen meinen Wert definiert,

utopische Vorstellungen meinerseits,
das ist mir bewusst,
haben mich selbst „hindernissiert",
habe es trotzdem nie geschafft anders
zu reagieren.

Hatte Schule immer geliebt, denn ich
liebte das Lernen, bis ich das Lernen
vor zu schreibenden Arbeiten hasste,

ich war wie blockiert.

Ich war immer
der typische „Streber",
mit meist super Noten, wuss-
te über vieles Bescheid, meine
Hand im Unterricht meist oben,

die guten Noten
schienen mir zuzufliegen,
war jedoch trotzdem
so gut wie nie zufrieden.

So hat mein Kopf immer auf 100 von
100 Punkten gehofft, auf eine weitere
1 in meiner Sammlung,

doch mein Herz hat sich innerlich
immer gewünscht, ich wäre im Noten-
spiegel eine der 4ren, 5en oder 6en
gewesen,
wäre bei der Rückgabe des Testes
stolz zurecht darauf gewesen,
hätte das Lernen,
meine Arbeit dafür anerkannt,

denn ich habe ja mein Bestes gegeben.

Bin der Streber,
der hoffte niemals einer zu sein,

1en und 2en, oder 3en und 4eren, 5en und 6en,
nichts davon definiert deinen Wert,
man ist kein besserer oder schlechterer Mensch,
je nachdem in welcher Spalte
man beim Notenspiegel hängt.

So langsam mit 23 verinnerliche ich es,
das Beste zu geben, reicht vollkommen aus,
Lernstoff auf Zwang ins Gehirn zu prügeln,
macht keinen schlau.

Meine chronische Hautkrankheit ist auch
während des Studiums noch da,

doch mittlerweile liebe ich mich selbst,
im Gegensatz zu früher,

rede mir nicht mehr selbst ein,
gute Noten seien der einzige Grund
das andere mich lieben,

ausschließlich weil ich mein eigenes Spie-
gelbild früher selbst nie ertrug,

der Notenzwang meiner selbst ist im Studium
minimal besser,

allerdings fällt es mir schwer,
Jahrzehnte alte Muster,
auf Knopfdruck komplett
ad acta zu legen.

Nur Haut ...

„Es ist doch nur Haut…"
Ja es ist »nur« Haut.

»Nur« Haut,
die einen in den Wahnsinn treibt.

»Nur« Haut,
die das eigene Selbstwertgefühl zerstört.

»Nur« Haut,
die einem den Schlaf raubt.

»Nur« Haut,
die nicht selten zu Mobbing führt.

»Nur« Haut,
die egal wo, von egal wem
mit abfälligen Blicken gemustert wird.

»Nur« Haut,
die jedem zum Arzt werden lässt,
tausend ungefragte Ratschläge einbringt.

»Nur« Haut,
die nicht selten zu Suizidgedanken treibt
und das ein oder andere Mal ein Leben mit
sich reißt.

Aber hey, es ist ja »nur« Haut.
Es ist ja »nur« Neurodermitis
oder eine sonstige chronische
Hautkrankheit.

Oktoberfest

Ich hätte dich küssen sollen,
hättest du es auch gewollt,

am Oktoberfest, auf der Bank tanzend,
passend zum Liedtext, „Alles was ich
will bist du …",
denn alles, was ich in dem Moment
wollte, warst tatsächlich nur du.

Ich habe dich nicht geküsst,
obwohl ich es so sehr wollte,
und ich weiß bis heute nicht wieso.

Ich hatte nicht mal das Gefühl du
wärst abgeneigt gewesen,
doch irgendwie
hab ich mich nicht überwunden,
und das bereue ich bis heute.

Ich hätte dich küssen sollen.

Paradoxon

Meine Augen lächeln,
doch sie strahlen nicht.
Ihr Funkeln ist verglimmt.

Sie zeigen Emotionen,
doch sie transportieren sie nicht.
Sie erreichen mein Gegenüber nicht.

Meine Augen schmerzen,
doch sie tränen nicht.
Keine Flüssigkeit, die das Brennen
erlischt.

Meine Augen lächeln,
doch sie strahlen nicht.

Ein Paradoxon,
das bin wohl ich.

Regenbogen

Jetzt sitze ich hier und schaue hinaus.
Ich warte auf den Regenbogen.

Denn mein Herz strahlt,
aber meine Seele weint.

Die Sonne scheint,
doch der Regen strömt.

Als Kind gelernt,
ein Regenbogen macht alles wieder gut.

Als Erwachsener,
bringt er mir neuen Mut.

Also sitze ich hier und schaue hinaus.
Ich warte auf den Regenbogen.

Social Media

Kreisende Gedanken und Langeweile,

ich greife zu meinem Handy,
entsperre es.
Wische einmal nach rechts,
öffne Instagram,

ich scrolle runter und like Bilder.
Sehe ausschließlich perfekte Leute,
jeder ist glücklich und lächelt

Flache Bäuche, trainierte Körper,
Sommer, Sonnenstrahlen, Strand.
Malediven, Korfu, Fuerteventura,
Gran Canaria,

jeder und alles scheint perfekt zu sein.
Sitze schweigend da,
versinke in meinen Gedanken.

Sie kreisen und kreisen noch mehr,
ich zweifle, starre auf die Bilder.

Ich stehe auf, laufe drei Schritte,
mein Spiegel nun direkt vor mir.

Ich schaue hinein, betrachte mich.
Lang und innig.

Ich hinterfrage mich, mein Leben,
belächle meine Figur, meine Haut.

In mir baut sich Selbsthass auf, Wut.
Es zieht mich runter, meine Gedanken
sind jetzt noch dunkler.

Ich gehe wieder zu meinem Handy,
scrolle und vergleiche mich weiter.

Die Zeit vergeht. Minute um Minute,
Warum tue ich mir das an?

Sogleich ich doch weiß,
es ist nur ein Schein,
schüchtert mich
diese „Perfektion" ein.

Mein starkes Selbstbewusstsein
schwindet, scheint nahezu
verschwunden, unauffindbar zu sein.

Was ich wollte war Ablenkung,
bekommen habe ich genau das Gegenteil.

Frustriert lege ich mein Handy weg,
lösche das Licht, versuche zu schlafen.

Erwache von meinem Schlaf,
neuer Tag, selbes Spiel.

Social Media, pures Toxin.

Sonne

Ich verstecke mich vor der Sonne,
gehe ihr aus dem Weg,
schließe mich Zuhause ein,
bin nur nachts zu sehen.

Sie symbolisiert alles,
was ich nicht fühle,
alles was mein Inneres mir verbietet,
kann es nicht ausstehen,
nicht aushalten,
muss ihr aus dem Weg gehen.

Glück, Freude, Wärme, Vollkommenheit,
Sie strotzt vor Energie,
strahlt voller Lebenslust,

alles ist erhellt,
sie ist fast wie Magie.

Doch sie symbolisiert eben alles was ich
nicht fühle, alles was mein Inneres scheint
so erfolgreich aus dem Wege zu gehen.

Für mich ist sie eine Folter anzusehen,
geschweige denn auf der Haut zu spüren,
muss sie vermeiden,
ihr aus dem Wege gehen.

Spiegel

Wenn ich in den Spiegel sehe,
wünschte ich mir, ich würde mehr sehen.

Ich wünschte mir, ich würde mehr sehen,
als nur ein vertraut erscheinendes Gesicht,
mein Gesicht.

Ich wünschte mir, ich würde mehr sehen,
als die Müdigkeit, die mir durch meine
Augenringe ins Gesicht geschrieben steht.

Ich wünschte mir, ich würde mehr sehen,
als herausstechende blau graue Augen, meine
Augen, die eine innere Leere symbolisieren.

Ich wünschte mir, ich würde mehr sehen.

Wie sehr wünschte ich mir,
ich könnte mehr sehen.

Ich könnte endlich mal die Person sehen,
die mir von vielen als so positiv reflektiert wird.
Ein Gespräch mit ihr führen,
von Angesicht zu Angesicht,
ihre größten Stärken
und tiefsten Ängste sehen.
Wenigstens nur einmal spüren,
dass Fehler machen menschlich ist,
lernen, dass man sich dafür nicht schämen muss,
keinesfalls verändern muss.

Wie sehr wünschte ich mir,
ich könnte mehr sehen.

Wie sehr wünschte ich mir, ich könnte
in den Spiegel schauen,
und würde einmal darauf vertrauen,
was die anderen über mich sagen.

Wie sehr wünschte ich mir,
ich könnte in den Spiegel schauen,
und würde mehr sehen,

als das Spiegelbild einer Person, zu
der sich lediglich der Name echt an-
fühlt.

Wie sehr wünschte ich mir,
ich könnte in den Spiegel schauen,

und würde endlich die Person
kennenlernen, der andere tagtäglich
begegnen.

Stille Wasser

sind tief, wurde mal zu mir gesagt.

Ich war ein ganzer Ozean, die Tiefsee,
der Mariannengraben.

Ein Riff Millionen
unausgesprochener Gedanken,
versteckter Gefühle,

voller Algen und Seerosenranken.

Seeanemonen und Clownfischen zu dank,
hielt mein inneres Ökosystem stand,
nach und nach, Stück für Stück
es jedoch verschwand.

Vielfältige Farbenpracht und Tiefseeschwarz,
an einem Morgen Tag, an dem anderen Nacht,
dennoch erwartete Leistungen stetig erbracht.
Mein Inneres wie durch eine Sturmflut aufgebracht,

Segelschiffritt durch Monsterwellen
bei blitzender Nacht,
tiefgehende Sorgen,
Ängste hervorgebracht.

　　　　Wie ein Delfin, war ich nicht das,
　　　　was andere erwarteten,

　　　　äußerer Anschein gleicht
　　　　nicht immer der Realität,
　　　　dies ist eh und je schon
　　　　ein Phänomen.

Stille Wasser sind tief,
wurde mal zu mir gesagt.

Ich war ein ganzer Ozean, die Tiefsee,
der Mariannengraben.

Stimme begraben

Habe vor Monaten bereits
meine Stimme begraben,

wage es nicht mehr
etwas anderer Meinung zu sagen,

gewinnt sie doch sowieso kein Gehör.

Streben nach weniger

In einer Welt wo jeder
nach immer mehr strebt,

mehr zu haben,
mehr zu können,
mehr zu sein,
mehr zu wagen,
mehr zu lieben,
mehr zu erleben,
mehr zu besitzen,
mehr zu kriegen,
mehr zu tun,

strebe ich nach immer weniger.

Ich strebe nach immer weniger.

Weniger zu haben,
dafür für die Dinge
Dankbarkeit zu spüren.

Weniger zu können,
dafür zu wissen was ich tue.

Weniger zu sein,
mich dafür nicht zu verlieren,
sondern zu wissen wer ich bin.

Weniger zu wagen,
dafür hinter dem gewagten
zu 100% zu stehen.

Weniger zu lieben,
dafür mich auf das Echte
zu konzentrieren,
in wenige Menschen
alles an meine Liebe
zu investieren.

Weniger zu erleben,
all das jedoch zu genießen,
etwas zu haben an das
ich mich detailreich
glücklich zurückerinnern kann,

weniger zu besitzen,
den Überblick nicht zu verlieren,
nicht kleinlich
bei allem Besitz zu markieren,

weniger zu kriegen,
dafür lieber mit anderen zu teilen,

weniger zu tun,
dafür darin voll und ganz aufzugehen.

      Ich strebe nach immer mehr von weniger.
      Ich strebe nach weniger, weniger, weniger.

Stummes Verständnis

Ich liebe die Stille zwischen uns,
kein einziges Wort verlässt unsere Lippen,
doch wir führen eine ganze Konversation.

Ich liebe die Stille zwischen uns,
kein einziges Wort verlässt unsere Lippen,
stummes Verständnis wiegt mehr als unzählig
ausgesprochene Worte.

Ich liebe die Stille zwischen uns,
kein einziges Wort verlässt unsere Lippen,
unsere Liebe füreinander so groß,
wir brauchen keine Worte.

Träumer

Wo geht's du hin,
wenn du Sorgen hast?

Ich gehe zu meinem geheimen Ort im Wald,
tief, tief in den Wald.

Ich gehe dahin,
wo die Tiere meine Freunde sind.

Dahin,
wo die Bäume meinen Problemen lauschen.

Dahin,
wo der Wind mich glücklich macht.

Dahin,
wo ich träumen kann,
wieder atmen kann.

Dahin,
wo ich schlichtweg ein Träumer sein kann.

Dahin,
wo ein Träumer zu sein genug ist.

Dahin,
wo Anforderungen, Zwänge, Ängste all das,
niemals jemals hinkommen werden.

Dahin,
wo ich, die Tagträumerin,
einfach ich sein kann.

Dahin,
wo eine Tagträumerin zu sein,
genug ist.

Umwege

Auf Umwegen gehe ich.
Auf Umwegen stehe ich.
Auf Umwegen sehe ich.

Auf Umwegen befinde ich mich.
Umwege sind ein toller Ort.

Sie bringen mir mehr im Leben.
Sie bringen mir mehr Leben.
Sie füllen mehr mein Leben.

Sie bringen mir mehr
als immer nur geradeaus.

Umwege sind ein toller Ort.

Vergangenheit

Alles habe ich dran gesetzt gegen
meine Vergangenheit anzukämpfen,
gegen sie zu arbeiten,

all meine Kraft aufzubringen
sie zu verdrängen,
am liebsten aus meiner Biografie, von
meiner Festplatte, auszuradieren, weg
zu eliminieren.

Ich wünschte ich hätte sie verändern,
noch besser, gar Jahre umgehen
können, den Schmerz und das Leid,
die Folter und die Qual,
nie geschehen lassen können,

mein Herz, meine Seele, meine Psyche,
beschützen können.

Doch immer musste ich mich
dem Ganzen machtlos erlegen geben,

habe Narben jedes Mal aufs Neue
wieder aufgerissen,
mir neue Wunden hinzugefügt,

mich selbst verachtet und gehasst,
war mein größter Feind,
mein stärkster Gegner,
reiner Saboteur meiner selbst.

Das alles tut mir jetzt so leid.

Mittlerweile habe ich
meine Sichtweise verändert,
einen Perspektivwechsel vorgenommen,

nicht länger arbeite ich gegen
meine Vergangenheit,
ich lerne mit ihr zu arbeiten.

Ich bin dabei meine Vergangenheit
zu akzeptieren,
sie als Teil meiner selbst anzuerkennen,

sie als Grund betrachten zu können,
dass ich heute da bin, wo ich bin.

Meine Vergangenheit zu akzeptieren,
meine Entwicklung und all die
Geschehnisse wertzuschätzen,
sie mit neuen Augen zu sehen.

Und doch ist es mit Abstand
das Schwierigste,
das ich je getan habe,

doch gleichzeitig ist es auch
das Befreienste,
was ich bis jetzt erleben durfte.

Ich kann sagen ich bin stolz,
dass ich tagtäglich weiter an mir,
dank und mit ihr, der Vergangenheit,
arbeite,

das Auf und Ab,
Vor und Zurück,
die Rückschläge und Erfolge,
endlich wertschätzend annehmen kann,

als wertvollen, prägenden Teil
meiner Selbst ansehen kann,

noch nie war ich zuvor stolz auf irgendwas,
und jetzt trotz des Härtesten schaff ich das.

    Letzten Endes hat sie
    mich gemacht, zu dem ich bin,

    und ganz ehrlich,
    dafür liebe ich sie,

    ich bin toll, so wie ich bin,
    mit all meinen Fehlern, Eigenheiten
    und Verschrobenheiten,
    mit all den Facetten,
    verschiedenen Versionen meiner Selbst,

    mit all den zeitweise auftretenden Unsicher-
    heiten, Rückschlägen,
    mit all dem, was ich früher
    nie annehmen konnte,

    bin ich gut, so wie ich bin!
    Ich dank dir Vergangenheit!

„*Verliere ich dich?*"

Sag mir: „Verliere ich dich?"

In letzter Zeit scheint alles,
als wäre es schon so gut wie vorbei.

Als würde sich kämpfen nicht mehr lohnen.
Als wären die letzten Monate
umsonst gewesen.

Ich weiß, ich zweifle viel,
was nicht wirklich vorteilhaft ist.

Aber du kannst mir doch nicht ernsthaft
erzählen, dass du die letzten Wochen
nicht auch angefangen hast zu zweifeln.

Ich verstehe nicht,
was aus uns geworden ist,

und um ehrlich zu sein,
möchte ich so ein Ende nicht akzeptieren,
falls es ein Ende werden würde.

Klar müsste ich es zwangsweise akzeptieren,
zumindest respektieren,

und das würde ich auch schon irgendwie.

    Doch sag mir: „Warum fühlt es sich so an,
    als bestände nicht mal die Möglichkeit auf
    eine zweite Chance?"

    Wenn ich wenigstens wüsste,
    wir hätten intensiv gekämpft,
    und alles probiert, um mit unserer Liebe
    und Beziehung zu wachsen,
    dann würde ich es akzeptieren.

    Nur fühlt es sich für mich leider
    kein Stück so an,
    als ob du auch nur ansatzweise so fühlst.

Sag mir: „Habe ich dich schon verloren?"

Du willst mir erklären, dass hier
noch niemand jemanden verloren hat.

Aber wieso haben wir dann schon alles
über den Haufen geworfen,
was uns jemals wichtig war
oder Markenzeichen unserer Beziehung war.

Wir sind nichts mehr von dem,
was uns einst glücklich gemacht hat.

Die rosarote Brille hatten wir noch nie
und vielleicht hat uns schon immer diese
naive, bedingungslose Liebe gefehlt,

und das wird uns nach der Zeit
zum Verhängnis.

Doch weißt du was das Schlimmste ist?

Wir haben uns eigentlich immer alles
erzählt und konnten immer miteinander
über alles reden.

Wir haben uns nie verurteilt und
wären niemals auf die Idee gekommen,
auch nur ein Geheimnis zu bewahren.

Aber wieso habe ich das Gefühl,
ich kenne dich nicht mehr.

Wieso schweigen wir uns nur noch an
und laufen auf der Stelle oder im
Kreis.

Sag mir: „Hast du eigentlich jemals
wirklich zu mir gehört?"

Sag mir: „Wie kann ich Angst haben
jemanden zu verlieren, den ich nicht
einmal mehr wirklich kenne?"

Sag mir: „Wodurch sind wir so gewor-
den? Wann sind wir so geworden?"

Sag mir: „Wo ist unsere Gedankenlo-
sigkeit, die Schwerelosigkeit, die
wir immer so wertgeschätzt hatten,
hin?"

Sag mir: „Macht das alles überhaupt
noch Sinn oder hast du bereits abge-
schlossen, und weißt nur noch nicht
wie du es mir sagen sollst?"

Sag mir: „Was bleibt noch, wenn unser
gemeinsamer Weg jetzt hier enden wür-
de und wir uns an einer Weggabelung
irgendwann einmal wiederfinden würden?
Würden wir jemals wieder zusammenfin-
den?"

Sag mir: „Verliere ich dich?,
„Verliere ich dich jetzt?"

Wenn ja, warne mich bitte vor,
damit ich mir nicht vorstelle,

ich wäre nur in einem Albtraum
gefangen und könnte jederzeit
wieder aufwachen.

Verloren in Geschichten

Und auf einmal habe ich mich verloren,
in Büchern und ihren Geschichten,
in unzählig verschiedenen Welten.

Und auf einmal habe ich mich verloren,
auf der Flucht vor einem Entführer im
dunklen Wald, in den spannendsten Krimis,
den fesselndsten Thrillern.

Und auf einmal habe ich mich verloren,
am Meer beim Sonnenuntergang,
in einem herzerwärmenden Roman.

Und auf einmal habe ich mich verloren,
am Grab, nachdem sich
die Beerdigungszeremonie aufgelöst hat,
in einem herzzerreißenden Drama.

Und auf einmal habe ich mich verloren,
in den weisen, augenöffnenden Worten
von poetischen Texten.

Ich habe mich verloren in all diesen Welten.
Bin eingetaucht in die Charaktere,
ihre Emotionen und Lebensgeschichten.
Seite für Seite möchte ich tiefer versinken,
während der Lesezeit selbst zum Teil
der Geschichten werden.

Und auf einmal habe ich mich verloren,
in Büchern und ihren Geschichten,
in Charakteren und unzähligen Welten.

Dort bin ich nun zu finden,
möchte teils nirgendswo anders mehr
verweilen, außer in Büchern,
deren Welten und ihren Geschichten.

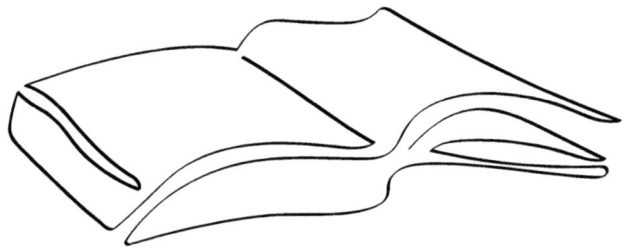

Verschlossenes Tagebuch

Wie ein verschlossenes Tagebuch,
mit noch einem extra Schloss,
mit Zahlencode,

versperre ich meine Gedanken
und Gefühle tief in mir drinnen.

Sie sammeln sich an, stauen sich auf.
Sie brauchen immer mehr Platz auf.

Verstummt

Mein Herz ist so leise geworden.

Ich weiß nicht, wann es zuletzt
mit mir gesprochen hat,
wann es zuletzt auf irgendwen
reagiert hat.

Mich spüren lassen hat,
da ist noch etwas in meiner Brust.
Etwas, das mehr als nur pulsiert,
begeisterungsfähig,
liebensfähig ist.

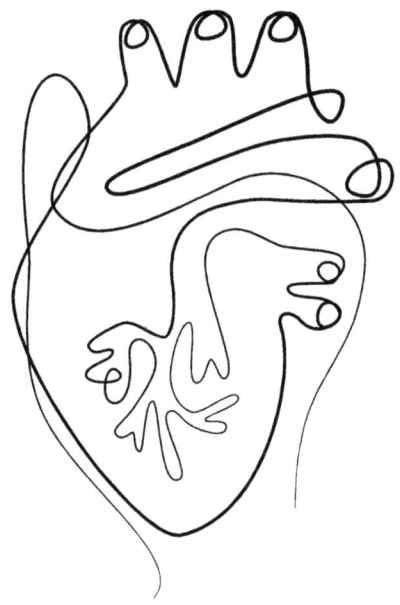

Ein Organ, ein Muskel,
der mir mehr gibt,
als mich nur am Leben zu halten.

Der schneller schlägt,
wenn er einen meiner Herzensmenschen sieht,
voller Wärme strahlt.

Der galoppiert, vor Freude springt,
krampfhaft schmerzt, und Melodien singt.

In meiner Brust,
ist ein Organ, ein Muskel.

Er pulsiert,
nach wie vor spürbar stark.

Mein Herz jedoch,
das Herz, das mit einem
normalerweise kommuniziert,
hat jeglichen Elan verloren,
eine Unterhaltung mit mir zu führen.

Es ist verstummt.
Erstarrt. Eiskalt.
Mein Kopf übernimmt.

Vier Buchstaben

Ein Wort mit nur vier Buchstaben,
doch für mich so schwer zu sagen,
bedeutet es lediglich „Nein",

muss ich gegen mich gehen,
um es zu wagen,

zu jemandem
diese vier Buchstaben zu sagen.

Warme Dusche

Ich stehe unter der warmen Dusche.

Sie sollte mich wärmen,
allerdings friere ich,
innerlich und äußerlich.

Ich verstehe es nicht.
Was kann ich denn noch tun,
um Wärme zu empfinden,
die Kälte aus und von mir
wegzuschwemmen?

Ich glaub ich weiß es.

Ich drehe die Dusche einfach noch wärmer,
das muss die Lösung sein,
doch auch das bringt irgendwie nichts?!

Ich rätsle weiter.
Wieso funktioniert das alles nicht?

Die Kälte nimmt mich jetzt komplett ein,
sie konsumiert mich.

Vielleicht umgibt sie mich ja gar nicht,
vielleicht bin ich die Kälte?

Bin ich die Kälte?
Ich bin die Kälte.
Kälte.
Nichts als Kälte.

Kälte, überall in meinem Leben.

Etwas Kälte wahrscheinlich auch
versteckt in meinem Wesen.

Ich stehe unter der warmen Dusche
und ich friere.
Innerlich und äußerlich.

Wasserliebe

Ich liebe Wasser!

Ich liebe Wasser,
denn ich vergesse manchmal zu leben,
ich vergesse, dass ich lebe.

An Regen oder Meerestagen,
da spüre ich es,
das kühle Nass auf meiner Haut,

es berührt mich,
es reanimiert mich.
Ich bin am Leben.

Ich liebe es.
So brauche ich es.

Ich liebe Wasser,
denn durch das lebe ich.

„Was wäre wenn" Fantasie

Habe ich es kaputt gemacht,
bevor es überhaupt beginnen konnte.

Habe ich dich abgeschreckt,
mit meinen Plänen und Vorhaben
in der Zukunft,

dass du dachtest ein Versuch
wäre überflüssig, das Resultat „Schmerz"
sei vorprogrammiert.

Habe ich den einen Satz zu viel gesagt,
der dich letzten Endes davon abhielt,
den einen Satz überhaupt auszusprechen,

auf den ich doch irgendwie gehofft hätte.

Den Start,
ein mögliches Ende,

wir werden nie wissen,
wie es gewesen wäre,

so ist alles
was in meinem Kopf schwirrt,
nur eine „Was wäre wenn" gewesene
Fantasie.

Der Gedanke an unsere seltsame Chemie,
wird in Zukunft nichts weiter sein,
als sinnlos verschwendete Energie,

und so endet die Geschichte des Uns,
von „Was wäre wenn" im „Das wird nie".

Wer bist DU?

Würde gerne stundenlang nur da sitzen,
auf der Parkbank, am Flughafen,
im Zug oder egal wo auch sonst.

Möchte jeden einzelnen beobachten,
jeden im Detail wahrnehmen,
nicht um zu bewerten wie du aussiehst,
sondern um mich zu fragen – Wer bist DU?

Und was bringt dich hierher,
zu diesem Zeitpunkt genau heute?
Ich versuche jedes Detail wahrzunehmen.
Umso mehr, umso besser.

Sehe lauter Haarfarben, Kleidungsstile,
Alter und Geschlechter, Gemütlichkeit und
Abgehetztheit, strahlende und gequälte
Gesichter, jede Emotion, die die fremden
Augen transportieren, jeden Gedankengang,
der sich in der Mimik „festiert".

Nichts davon bewerte ich.
Es macht mich neugierig.

Zu viele Fremde,
zu viele flüchtige Momente.

Würde gerne stundenlange Unterhaltungen
führen und Nein, ich meine keinen Smalltalk
über wie war dein Tag
oder wie ist das Wetter?

Ich möchte dich kennenlernen,
habe so viele Fragen.

Wer bist du – und zwar nicht dein Name
und dein Alter – Sondern wer bist DU?

Wo kommst du her?
Was treibt dich an?
Wie war dein Leben für dich
bis jetzt solang?
Was animiert dich morgens aufzustehen?
Was war der Fehler, aus dem du am meisten
gelernt hast?
Bereust du etwas und wenn ja was?
Glaubst du an Schicksal und worauf baust du
deine Antwort auf?

Da sind so viele Fragen,
zu viele Gesichter.

Würde es gerne wagen,
lauter Stories – schöne und
herzzerbrechende – zu erfahren.

Mehr Fremde kennenzulernen,
mich mit ihnen zu unterhalten
und sie am Ende wieder flüchtige
Fremde sein zu lasen.

Ich bin neugierig,
ihr macht mich neugierig,
ihr so schnell vorbeipassierende Fremde.

Wer bist DU?

> Jeden Tag begegnet ihr mir und aufs Leben
> gerechnet, seid ihr wahrscheinlich ein paar
> Millionen. Ich könnte euch nicht einmal zäh-
> len, so gerne ich das doch wollte.
>
> Würde jedem gerne meine Aufmerksamkeit
> schenken, doch die Zeit habe ich gar nicht.
>
> Und trotzdem verliere ich mich manchmal in
> euch – am Strand, im Stadion, im Café oder
> egal wo, wenn ich da so sitze, ich frage
> mich einfach zu gerne – Wer bist DU?
>
> Da ist doch irgendwie auch diese gewisse
> Schönheit des Lebens dahinter.

Zu viele Menschen – die meisten leider al-
les Fremde – zu viele Gesichter, Emotio-
nen – wüsste gerne was ihr denkt – zu viele
Momente – teils nur ein Wimpernschlag oder
die schnellstvergehenste Sekunde – zu viele
Menschen in kürzester Zeit und trotzdem ist
da die Neugierde für jeden von ihnen. Wer
bist DU?

Am Ende des Tages hat jeder sein eigenes
Leben und ich bin dankbar für den kurzen Au-
genblick, an dem ich dich gesehen habe – Du
schnell vorbeiziehender Fremder – Ich durfte
für einen Minibruchteil deines Lebens einen
äußerlichen Einblick auf dich und dein Leben
bekommen – für dich bewusst oder unbewusst
– wahrscheinlich hast du mich nicht einmal
wahrgenommen.

Und auch genau das ist so eine weitere
Schönheit des Lebens – unsere Wahrnehmungen
sind so grundverschieden.

Also nehme ich mir vor, wenn ich das nächste
Mal irgendwo sitze – wo auch immer das sein
mag – dass ich mir anfange eine kleine Liste
zu führen.

Eine Liste über euch – Ihr Fremde - über
einprägende Momente, Interaktionen zwischen
– für mich – Fremden.

So bist du irgendwann vielleicht ein Teil
von der Liste, auf jeden Fall bist du aber
mein Interesse, hast meine Neugierde ge-
weckt, sollten wir uns jemals – unbewusst
oder bewusst – begegnen.

Und da kommt mir noch so eine
Schönheit des Lebens in den Sinn:

Welchen Einfluss du auf jemanden hattest,
Fremde oder nicht, ist uns seltenst bewusst.
Wir hinterlassen Eindrücke, Spuren,
auch auf die flüchtigsten,
nie wiederkehrenden Fremden.
Und das können schon die „kleinsten" Dinge,
wie ein Lächeln oder ein einziges Wort sein.

Ich möchte nie aufhören
mich zu fragen – Wer bist DU?
– Du schnell vorbeiziehender Fremder.

Wiedersehen (Corona Edition)

```
Wenn wir uns Wiedersehen,
und ohne Maske in den Armen liegen,
dann weine ich vor Glück,
dich wieder zu haben,
ohne Abstand,
wie vor Jahren,
als wir unbeschwert
und frei waren.
```

Wiedersehen Vol. 2

Werden wir uns Wiedersehen,
nach vielen Jahren, Jahrzehnten
und uns noch einmal in den Armen liegen kön-
nen, wenn wir uns wiedertreffen,
dort wo alle Seelen Gegangener friedlich,
neben unserem Schöpfer leben?

Werden wir uns dort wiedertreffen und du
noch wissen, wer ich bin?
Können wir erneute Deep Talks führen,
Nächte durchmachen, wie damals,
als wir noch jung waren?

Ich wünsche mir so sehr,
dass ich nach all den Jahren, Jahrzehnten,
irgendwann in der fernen Zukunft,
euch im Himmel wiederbegegnen darf.

Ich wünsche mir so sehr,
dass ich die Gelegenheit bekomme,
diejenigen von euch, die ich nur kurz
oder sehr früh im Leben traf,
besser kennenzulernen.

Ich wünsche mir so sehr,
dass ich mit all jenen, die mich Jahrzehnte
auf Erden begleitet haben, mit denen ich
gemeinsame Erinnerungen geschaffen habe,
an dem Punkt anknüpfen kann, als ihr aus
meinem Leben gegangen seid.

zu sagen

Wer bin ich, dir etwas zu sagen,
wovon ich keine Ahnung habe?

Wer bin ich, dir einen Rat zu geben,
wo ich doch selbst keinen habe?

Wer bin ich, euch etwas zu sagen,
auf Fragen, wenn ich keine Antwort habe?

Was könnte ich euch sagen,
was habe ich überhaupt zu sagen?

Was habe ich eigentlich überhaupt zu sagen,
wenn ich von so vielem
rein gar keinen Plan habe?

Zuhause

Und wenn ich an dich denke,
dann ist da im positivsten Sinne nichts,
kein Zweifel, keine Sorgen,
nicht einmal ein Gedanke,

nur ein kleines Schmunzeln,
das Grübchen auf meinen Wangen
entspringen lässt.

Mein Kopf ist beherrscht von Ruhe,
Frieden, Vollkommenheit,
meine Gedanken sind still,
sie haben ihr Zuhause gefunden.

Da ist lediglich ein Gefühl von Wärme,
das sich von Haarspitze
bis zu Zehen ausbreitet,
mich ganzheitlich erfüllt, ausfüllt,

kein Flattern von Schmetterlingen im Bauch,
ein „Ich lasse mich nach einem anstrengenden
Tag frisch geduscht ins frisch bezogene Bett
fallen" Gefühl.

Ich bin endlich angekommen,
habe mein Zuhause gefunden,
bin mein Zuhause geworden,

mein Kopf hat seinen Frieden geschlossen,
mein Herz seinen Türöffner getroffen.

Schaue ich jetzt in den Spiegel,
dann lächle ich, als könnte ich
deine unsichtbare Umarmung spüren,

die mich seit unserem Kennenlernen
nie wieder verlässt.

Sehe mich endlich aus Sicht anderer Augen,

nicht mehr nur die Makel und Fehler
die meine Augen nie übersehen konnten,

sondern die Wertschätzung,
von dem was anderen an mir liegt.

Ich verstehe jetzt, warum es mich gibt.
Ich bin geerdet, extrem frei,
kein Stück verletzt,

hab mein Zuhause gefunden,
will, dass es niemals jemand anderes
mehr ersetzt.

Schlusswort

Ich danke dir für die Zeit, die du in das Lesen meines Buches investiert hast. Du hast mir damit indirekt ein bisschen deines kostbarsten Besitzes geschenkt und das bedeutet mir unfassbar viel. Dankeschön.
Ich hoffe, das Buch hat dir gefallen und du konntest eventuell noch etwas für dich daraus mitnehmen.

Ein Hoch darauf, dass es Perfektion nicht gibt,
nie gab und nie geben wird.
Ein Hoch darauf, dass wir alle aufhören werden,
sie dennoch versuchen verzweifelt zu erreichen.

DU BIST GUT SO, GENAUSO WIE DU BIST!

DU BIST GENUG! DU BIST WERTVOLL!

DU BIST EINZIGARTIG! DU BIST SCHÖN!

DU BIST GELIEBT!

Danksagung

Zum Abschluss möchte ich mich noch von Herzen bei einigen Menschen bedanken, ohne die, dieses Buch auf diese Weise so nicht möglich gewesen wäre.

Ich beginne bei **Luisa Wachsmuth.** Luisa, vielen Dank für die Covergestaltung, Illustration und Formatierung meines Buches. Ohne dich hätte ich mir diesen Traum nicht erfüllen können, denn wie ich dir bei meiner Anfrage ehrlich gesagt habe, hatte und habe ich immer noch absolut keinen Plan von Buchgestaltung und Formatierung. Danke, dass du dich meinem Herzensprojekt angenommen hast und meine Vorstellungen so wunderbar umgesetzt und übertroffen hast. Dankeschön!

Mein nächster Dank gilt **Jasmin Walter** und **Emilia Göbel.** Jasmin, Emilia, vielen Dank für das Korrekturlesen, die Verbesserungsanmerkungen und das ehrliche Feedback. Ohne euch, hätte ich ein Buch voller Schreib- und Grammatikfehlern veröffentlicht, die meinen Perfektionismus, beim darauf Aufmerksam werden, wahrscheinlich zehnmal verstärkt hätten. Dankeschön!

Einen weiteren Dank möchte ich **Elena Klingelhöfer** aussprechen. Elena, dir ebenfalls vielen Dank, für das Korrekturlesen und Feedback geben. Vielen Dank, dass du mir Informationen zu dem Ablauf von einer Buchveröffentlichung und Buchentwicklung gegeben hast und mir zusätzlich Tipps geliefert hast, wen ich beispielweise für die Buchgestaltung anfragen kann. Kleine Werbung an dieser Stelle, Elenas Buch „Galdur – Fallende Welten", ist auch in allen gängigen Buchshops und als E-Book erhältlich. Du warst mir eine große Hilfe. Dankeschön!

Mein nächster Dank gebührt **Moritz.** Moritz, vielen Dank, dass du mich letztes Jahr im Herbst dazu ermutigt hast, meinem Traum nachzugehen und mich dazu animiert hast, mein Buch fertigzustellen und es zu veröffentlichen. All dem bist du dir ziemlich sicher nicht bewusst. Doch während wir im Oktober in einem unserer Gespräche über meinem Traum vom eigenen Buch gesprochen haben, hast du an mich und meine Fähigkeiten poetische Texte zu schreiben geglaubt. Du warst so sehr davon überzeugt, dass meine Texte gut sein werden und ich das alles schaffe, ohne zuvor auch nur einen einzigen Text von mir gehört oder gelesen zu haben. Und genau in dem Moment war ich mir auf einmal sicher, ich werde es machen. Ich werde über meinen Schatten springen, das Buch fertigstellen und mein eigenes Buch veröffentlichen. Ich weiß nicht einmal wieso ich genau in diesem Moment die Gewissheit darüber hatte, aber ich danke dir von ganzem Herzen, dass du an mich geglaubt hast und meine Gedanken unbewusst von „Mal sehen, ob ich es veröffentliche" zu „Es ist nicht mehr die Frage ob, sondern nur wann ich es veröffentliche" geändert hast. Dankeschön!

Und zuletzt möchte ich mich noch bei jedem einzelnen von euch bedanken, Vielen Dank an jeden, der mein Buch gekauft, gelesen und mir ein Feedback gegeben hat. Danke, dass ihr euch die Zeit genommen habt, meine Texte zu lesen und mein Herzensprojekt somit zu unterstützen. Dankeschön!

Über mich

Ich heiße Pauline Pfeifer. Ich bin im Jahr 2000 geboren und somit aktuell 24 Jahre alt. Ich lebe in Dietzhölztal, arbeite als Erzieherin und habe einen älteren Bruder.

Ich liebe Sport, besonders Fußball und Kampfsport, wie Kickboxen und Krav Maga. Des Weiteren liebe ich es zu reisen, so viele große und kleine Abenteuer wie möglich zu erleben, unzählige Konzerte zu besuchen und am liebsten ständig von Musik umgeben zu sein. Ich bin gerne in der Natur unterwegs, tue dies allerdings leider viel zu selten.
Anfang 2024 bin ich zur Leseratte geworden, davor habe ich freiwillig nur Gedichtbücher in die Hand genommen. Ich bin ein Mensch, der gerne viele neue Dinge ausprobiert und spontan für viele Ideen zu haben ist.

Nach meiner abgeschlossenen Ausbildung, habe ich ein Jahr in Irland gelebt und dort bei einer wunderbaren Familie als Au-Pair gearbeitet. Während diesem Jahr habe ich mich in Irland, das Land, die Leute, Kultur und Natur verliebt und mein „Zuhause" gefunden, bei dem ich mich zu 100% angekommen fühle.

Ich wünsche mir nicht viel vom Leben, nur, dass ich es aktiv leben und genießen darf und für jeden, der es braucht, ein Safeplace sein kann. Außerdem wünsche ich mir, dass Menschen miteinander achtsamer, freundlicher und respektvoller umgehen würden und jedes Lebewesen als wertvoll ansehen würden. Ich glaube, dass würde die Welt zu einem schöneren Ort machen. Mehr möchte ich nicht.

Auf Instagram bin ich unter dem Profil **paulinespoesie** zu finden.

@PAULINESPOESIE